Elogios para el autor

La manera en que Víctor relata su metamorfosis, a través de una divertida historia, nos hace recordar el punto desde el cual tenemos que partir para transformar nuestra sociedad: nosotros mismos. Vivir con la consciencia de un propósito de bienestar común engrandece esta obra y a su autor.

- David Sierra,
SCC Group

Víctor Ulloa, a través de Bee Business, propone la conversión a una colmena por medio de la implementación sencilla de la Polinización entre los mismos comercios locales. La analogía del trabajo en una colmena y la vida cotidiana en cualquier comercio local hacen sencilla la lectura y la comprensión de todas sus propuestas.

- Rosa Icela Gil
Directora de Responsabilidad Social,
Grupo Crecento

Admirable es el camino que has recorrido, donde cada obstáculo se ha convertido en un peldaño hacia el éxito. Tu determinación, creatividad y valentía son la esencia misma del espíritu emprendedor. Tu historia es un testimonio vivo de que el éxito es el resultado del trabajo arduo, la pasión inquebrantable y la voluntad de nunca rendirse. ¡Felicidades por tus triunfos y que sigan llegando más éxitos en tu camino emprendedor!.

- Manuel Ernesto Becerra Bizarrón
Autor del libro
La permanencia empresarial en
las MiPyMEs de Puerto Vallarta, Jalisco

Víctor Ulloa es, sin duda, una de las personas más entusiastas y positivas que he conocido. Siempre dispuesto a apoyar a todos los emprendedores, empresarios y proyectos que llegan a él, siempre involucrado en la actividad de la comunidad con el propósito de aportar con increíble sentido de generosidad y de que su conocimiento y su tiempo sea en cada ocasión para sumar y lograr objetivos grandes o pequeños, pero importantes.

Víctor es una pieza invaluable en nuestra sociedad.

- Consuelo Elipe,
CEO,
Vallarta Nayarit Gastronómica

Felicidades, Víctor, por tu libro, un libro que refleja lo que tú en esencia eres. Tu pasión y tu persistencia para hacer que las cosas sucedan te llevarán al éxito junto a los negocios locales que seguro serán Polinizados por ti.

- Martha Ibarra,
Corporativo Nayaram

BEE○BUSINESS

— Polinización de Empresas —

POLINIZACIÓN DE EMPRESAS

Trabajando como las abejas, Polinizando los negocios locales

BEE⬡BUSINESS
– Polinización de Empresas –

POLINIZACIÓN DE EMPRESAS

Trabajando como las abejas, Polinizando los negocios locales

VÍCTOR GIL ULLOA LOZANO

ℳola
PUBLISHING
INTERNACIONAL

ola
PUBLISHING
INTERNACIONAL

Hola Publishing Internacional
Eugenio Sue 79, int. 4, Col. Polanco
Miguel Hidalgo, C.P. 11550
Ciudad de México, México

Primera edición, Junio 2024
ISBN: 978-1-63765-646-4

Gracias a todas aquellas larvas que un día se convertirán en las realidades empresariales del futuro y llevarán a grito de guerra la polinización de empresas. Sigan sus ideales y no dejen de soñar en grande.

No podemos polinizar a todas las empresas del mundo, pero está en nuestra naturaleza intentarlo. Si seguimos en este mundo es porque no hemos cumplido con nuestra misión.

Víctor Gil Ulloa Lozano
y el Equipo de Bee Business

Índice

Segunda parte

Prólogo

En la vasta naturaleza, las abejas desempeñan un papel fundamental como polinizadoras. Su incansable labor de llevar el polen de una flor a otra permite la reproducción y supervivencia de numerosas especies vegetales. Pero, ¿qué pasaría si aplicamos este concepto de polinización al mundo de los negocios locales? En este libro, *Polinización de Empresas*, exploraremos cómo las abejas pueden convertirse en una poderosa metáfora para impulsar el crecimiento y la prosperidad de los negocios locales.

Al igual que estos pequeños insectos, las empresas locales tienen el potencial de generar un impacto significativo en su entorno, creando empleo, fomentando la economía y fortaleciendo las comunidades. Pero antes de adentrarnos en esta fascinante analogía, quiero expresar mi gratitud a todas las personas que han sido parte de mi vida y han contribuido a mi crecimiento personal y profesional.

A ti, Juana Ramírez Castrejón, mi amada esposa, que ha estado a mi lado durante veinticinco años, compartiendo risas, sueños y desafíos. Gracias por creer en mí y por ser mi compañera incondicional en este viaje.

A ti, Mónica Yamileth Ulloa Ramírez, mi hija hermosa, cuyo talento y dedicación han sido una fuente constante de inspiración. Este libro es nuestro legado, una guía para que sigas construyendo tu propia leyenda.

A mis padres, Elena Lozano Pérez y Álvaro Ulloa Martínez, y a mis hermanos, Amalia, Xóchitl, Heriberto y Jesús, quienes siempre me han brindado su apoyo incondicional y han sido mi refugio en los momentos difíciles.

A mis amigos, en especial a Vere Jiménez y a tantos otros que han estado a mi lado, riendo y compartiendo historias. Nuestra amistad ha sido un pilar fundamental en mi vida.

A mis socios, José, Lalo y Maritza, gracias por unirse a esta colmena llena de sueños. Juntos, estamos listos para polinizar el mundo de los negocios locales y hacerlos florecer.

A mis mentores, Carlos Elizondo, Consuelo Elipe, David Sierra, Lorena Bucio, Fernando Ortega, Alejandro Velasco, Magaly Fregoso, Gina Quezada y Martha Ibarra, Ivan Alvarez, ustedes han sido parte fundamental de mi crecimiento empresarial y personal. Sus enseñanzas y regaños se han convertido en valiosas oportunidades de crecimiento.

Este libro es un tributo a todos ustedes, a quienes se mencionó y a aquellos cuyos nombres no aparecen en estas páginas, pero que han dejado una huella imborrable en mi vida. Su presencia y apoyo han sido fundamentales en mi camino hacia el éxito. Así que los invitamos a sumergirse en estas páginas, donde descubriremos cómo aplicar los principios de la polinización de las abejas al mundo de los negocios locales. Juntos, aprenderemos a trabajar en colaboración, compartir conocimientos y experiencias, y crear un entorno propicio para el crecimiento y la prosperidad de nuestras empresas.

¡Bienvenidos a este viaje de Polinización Empresarial!

Víctor Gil Ulloa Lozano,
Director General de Bee Business, Polinización de Empresas
beebusiness.com.mx

Introducción

Este libro tiene como objetivo principal empoderar a los empresarios locales, brindarles la motivación necesaria para enfrentar los desafíos de un mundo en constante cambio. Al igual que las abejas trabajan en armonía para garantizar la supervivencia de su colmena, los negocios locales deben colaborar y adaptarse para prosperar en un entorno empresarial competitivo.

En la actualidad, la globalización y la tecnología han transformado la forma en que se hacen negocios, lo que puede resultar abrumador para aquellos que operan a nivel local. Sin embargo, este libro busca recordar a los empresarios locales que tienen un valor único que los distingue de las grandes corporaciones y que, al igual que las abejas en una colmena, su trabajo en conjunto puede generar resultados sorprendentes.

La motivación es un elemento clave para el éxito empresarial, y este libro busca inspirar a los emprendedores locales a seguir adelante a pesar de los obstáculos. Al igual que las abejas trabajan incansablemente para recolectar néctar y polen, los negocios locales deben esforzarse por ofrecer productos o servicios de calidad y mantener la lealtad de sus clientes. Además, al igual que las abejas se adaptan a los cambios en su entorno, los empresarios locales deben estar dispuestos a innovar y evolucionar para mantenerse relevantes en un mundo empresarial en constante evolución.

Este libro ofrece consejos prácticos y estrategias para enfrentar los desafíos del mercado actual y lograr el éxito a largo plazo en las comunidades de nuestro hermoso México; se convertirá en un recurso invaluable para los empresarios locales que desean fortalecer sus negocios y alcanzar sus metas en un entorno empresarial competitivo. Al seguir el ejemplo de las abejas y trabajar en colaboración, los negocios locales pueden superar cualquier desafío y prosperar en un mundo cambiante.

Primera parte

Fantasía y motivación

Capítulo 1
Bienvenido a la jungla

Víctor, el joven pescador, se levanta a las cuatro de la mañana para comenzar su jornada de pesca. Con su atarraya camaronera lista y una caharaca[1] rústica de tela mosquitera verde con un rin de bicicleta sin rayos como boquete para guardarlos, se adentra en las tranquilas lagunas con la luna como su compañera y el sonido de los cocodrilos de fondo. Mientras surca las aguas en su canoa, remo en mano, siente una nostalgia en el corazón: sabe que esta será su última pesca. Como despedida, en la lejanía ve a un majestuoso jaguar con los ojos brillantes, observándolo. Al lanzar su tarrayazo, el agua se ilumina en tonos turquesas y azules con los camarones saltando alegremente.

El sol comienza a despertar en el horizonte y Víctor se toma un momento para reflexionar sobre todos los años que ha pasado pescando en estas tranquilas aguas. Agradece a la vida por las lecciones aprendidas, los momentos de paz

---

[1] Bolsa para guardar camarones

y la conexión con la naturaleza. A pesar de la nostalgia, sabe que nuevos horizontes se abren ante él. Con el corazón lleno de gratitud y la mente llena de esperanza, se despide de su pasado con una sonrisa en el rostro, listo para abrazar los emocionantes nuevos comienzos que le esperan.

En medio de la laguna más grande, llamada La Grande, Víctor se sorprende al descubrir que la soledad no es su única compañera en este viaje. Escucha, a lo lejos:

—Víctooor , Víctooor.

Es Noel, su primo-hermano, más hermano que primo. Junto a él ha conocido lugares inesperados como Laguna La Sal, de costas blancas como la nieve, llenas de sal natural, en donde se consiguen los camarones más grades de la región. Juntos inventaron incontables historias y secretos sobre las lagunas. A medida que Víctor continúa su travesía rodeado de espectaculares manglares, las risas compartidas, los consejos mutuos y su amistad, que es más grande que las costas de la Laguna de la Sal, una de las más grandes de los manglares de Nayarit, le auguran otro viaje lleno de aventuras, pero al voltear para seguir platicando se da cuenta de que todo era su imaginación, y recuerda que Noel se ha ido del pueblo desde hace tanto… Está solo otra vez el joven pescador.

Mientras se adentra, ahora a pie, por los manglares, Víctor siente todo el peso de sus quince años: es fuerte, quiere alcanzar nuevas metas al poner a prueba su futuro;

tiene el corazón lleno de esperanza y determinación. Camina con cuidado entre las raíces retorcidas y escucha el sonido de los camarones saltarines que salen y entran al agua. Lleva consigo un bule de agua, tres tacos de frijol y un termo de atole de avena que le preparó su hermosa abuela Rufina para comer después de la labor.

Cuando consigue sus tres kilos de camarón, se sienta en la arena del estero entre los manglares y observa el levantamiento del sol en el horizonte. Decide que es tiempo de regresar a casa y mientras rema con su palanca de mangle en su canoa, heredada de su Papá Victoriano, la hermosa Mirinda, la única canoa 100% de madera que hay en el pueblo, reflexiona sobre su vida y sus sueños. Piensa en sus abuelos, quiere ayudarlos a salir adelante, pero también quiere explorar el mundo, como el primo Noel. Sabe que no será fácil

Después de horas de remar contracorriente, Víctor sale del Río Acaponeta y camina hacia su humilde casa. Su ranchito, Los Morillos, está ubicado en la desembocadura del río, que hace que el lugar sea mágico por la combinación de agua dulce y salada. Se sienta en el comedor junto a sus abuelos y les cuenta sobre su decisión de explorar el mundo. Para su sorpresa, sus abuelos aprueban su deseo, le dan su bendición.

—Entendemos que tienes sueños que están más allá de nuestro ranchito— dice su abuelo.

Víctor escucha atentamente sus palabras y siente una mezcla de emoción y nervios. Siempre ha amado los manglares y la pesca, pero también siente curiosidad por lo que hay más allá del pueblo.

Su abuelito, con una sonrisa en el rostro, prosigue:

—Mira, muchacho, no puedo ir en contra de la naturaleza, la naturaleza te llama a que conozcas el mundo. Tu Mamá Rufina y yo también fuimos jóvenes una vez y viajamos por muchos lugares. Pero al final decidimos quedarnos aquí en Los Morillos . Sin embargo, te apoyamos en tu búsqueda —hace una pausa—. Sólo quiero que hagas una promesa: no regreses a menos de que cumplas las metas que te has planteado, sigue tu corazón y vive una vida de ranchero, siempre siéntete orgulloso de tu origen.

Con lágrimas de gratitud, Víctor abraza a sus abuelos y les promete que los llevará siempre en su corazón mientras explora el mundo. Se despide de su hogar y emprende su viaje hacia lo desconocido con la esperanza de encontrar su propósito y ayudar a sus abuelos. Y así, el joven pescador llamado Víctor se adentra al mundo, llevando consigo la sabiduría y el amor de sus abuelos, la determinación de hacer una diferencia en su vida y en la de aquellos que ama.

Con sus huaraches y sombrero, Víctor se siente fuera de lugar entre la multitud de personas vestidas con ropa moderna y elegante. Aunque al principio le emociona la oportunidad de explorar la ciudad de Puerto Vallarta, pronto se da cuenta de que la vida ahí es muy diferente a lo que está acostumbrado.

En la gran ciudad, el joven pescador, lleno de esperanzas, encuentra un trabajo como lavaplatos donde se siente como un extraño. En su primer día quiere demostrar que puede hacer el trabajo que le piden. Se pone a limpiar los baños, la cocina, la calle, el restaurante nunca estuvo más limpio,

—¡A comer! —grita el chef.

El joven pescador ve a los meseros y cocineros disfrutar juntos de un delicioso espagueti con salsa roja y carne durante la hora de comida, y a él no le no le dan nada. Se da cuenta de que los lavaplatos no pertenecen al mundo del salón y son como mascotas, sólo les dan lo que sobra. Con lágrimas en los ojos, Víctor improvisa un banco con una cubeta rota para poder comer, con orgullo, lo poco que le dejaron junto con dos panes fríos. Esa es su ración del día.

A medida en que los días pasan, la vida en la ciudad se vuelve más dura. La inocencia y la esperanza que una vez brillaron en sus ojos se van desvaneciendo lentamente y las remplaza la amargura y la resignación. Cada jornada de trabajo se convierte en un recordatorio constante de su lugar en la jerarquía laboral, de la distancia insalvable que lo separa de aquellos que disfrutan de privilegios que a él le son negados. El banco improvisado se convierte en un símbolo de su lucha solitaria por la dignidad. Piensa en lo que dijo Papá Víctor: "Un hombre puede comer frijoles y tortillas, y eso no lo hace menos hombre", y el joven pescador ve una batalla perdida en un mundo que parece haberle dado la espalda. La sombra de la desesperanza se apodera de Víctor, los desafíos de sobrevivir en la gran ciudad se multiplican. Cada callejón oscuro es testigo de su lucha silenciosa por mantener viva la llama de su sueño roto. El peso de la soledad y la miseria lo pegan al suelo como a muchos rancheros que salen en busca de un mejor futuro y se encuentran con la realidad. Sus manos, antes hábiles en la pesca, ahora se ven desgastadas por el detergente para lavar trastes y ollas con cochambre. La ciudad, que para muchos es un lugar para vacacionar, para el humilde pescador es implacable y voraz, consume sus esperanzas y lo arrastra hacia un abismo del cual es imposible escapar.

Atrapado en la vorágine de la gran ciudad, se encuentra a merced de un destino implacable y despiadado. Cada día la sombra se alarga sobre su espalda encorvada, augurando un futuro marcado por la tragedia y la soledad. El joven pescador lucha en vano contra las corrientes adversas que lo arrastran hacia la oscuridad, pero en la inmensidad de la ciudad su grito se pierde en el eco de un sueño roto que nunca podrá ser reparado. Pero él sabe que en su interior hay algo mejor, una meta que no tiene nombre ni fecha, que siempre está ahí y es solamente suya.

Las noches de Víctor se desdibujan en un laberinto de callejones fríos del centro del Viejo Vallarta, donde el hambre y la desesperación son sus compañeras más fieles. Las luces destellantes de los hoteles grandes le recuerdan constantemente lo lejos que está de pertenecer a ese mundo de opulencia y lujo. Sus manos, ahora ásperas y curtidas, ya no recuerdan el tacto suave de la esperanza, y su corazón, una vez rebosante de ilusiones, se consume en un vacío abismal. En las aceras de la gran ciudad, Víctor es sólo un número más, un eco desgarrador que se le suma a otros sin ser diferenciado un ranchero más con ilusiones rotas.

En busca de una chispa de compasión en un mundo indiferente, Víctor se pregunta si alguna vez habrá justicia para él. ¿Acaso su sacrificio entre las sombras será reconocido? ¿O seguirá siendo un fantasma más en las calles de la gran ciudad, ahogado por la injusticia y la desigualdad? Su alma herida clama por un destello de esperanza, por un rayo de luz que ilumine su camino oscuro y solitario, pero en este laberinto de crueldad y desamparo, la esperanza parece un lujo reservado para aquellos que no conocen el dolor de un sueño roto.

Su destino parece sellado por la oscura vorágine que se lo traga; le pesa su sueño roto y no cumplir el compromiso de sangre que hizo con su abuelo, le pesa la realidad. Sus lágrimas se deslizan por su rostro sin hacer ningún sonido. ¿Cómo puede un corazón destrozado encontrar consuelo en un mundo tan indiferente y cruel? Su rostro está ahora marcado por la injusticia de la vida.

Pero el tiempo sigue pasando y junto con él se agota el dinero que trajo Víctor de su ranchito. Sin un trabajo estable y sin apoyo de su familia, se encuentra en una situación difícil. A pesar de las dificultades, el joven pescador se niega a rendirse, recuerda la fortaleza y la valentía que le enseñaron sus abuelos y decide encontrar una manera de sobrevivir en la ciudad y cumplir sus sueños. Con determinación comienza a buscar oportunidades en cualquier área que lo necesite. Aprende nuevos oficios como ayudante de cocinero, trabaja en empleos temporales y se esfuerza por aprender todo lo posible. Aunque las condiciones son duras y a veces se siente desanimado, nunca pierde la esperanza.

Poco a poco el joven pescador comienza a hacerse un lugar en Puerto Vallarta, inventando sobre la marcha una fórmula para poder vivir: a veces duerme en una banca para ahorrar. Con el tiempo logra juntar lo suficiente para enviar dinero a sus abuelos en Los Morillos, y aunque todavía extraña su hogar, se siente orgulloso de poder ayudar y cumplir su promesa.

Con el tiempo se da cuenta de que la ciudad no es sólo una jungla llena de peligros, sino que también está llena de oportunidades. Aprende a adaptarse y a aprovecha al máximo las circunstancias que se le presentan. Víctor, el joven pescador, empieza a convertirse en un hombre fuerte y exitoso. Aunque extraña su vida como pescador en Los Morillos, sabe que su experiencia en la ciudad le ha enseñado lecciones valiosas y le ha permitido crecer como persona. Y así, después de tres meses durmiendo en la misma banca blanca del malecón de Puerto Vallarta, decide que esta será su última noche como indigente, ya que ha ahorrado lo suficiente para vivir en un cuartito de tres por tres metros. Se siente emocionado porque ya no dormirá en la calle, se prepara para dormir en la ciudad más ruidosa y fiestera.

La vida en la ciudad es dura, pero el joven pescador demuestra que con determinación y perseverancia se puede encontrar el éxito para ayudar a aquellos que amamos, sin importar cuán lejos estemos de nuestro hogar.

Saca todas sus cosas de su bolsa negra para dormir, tiende su cobija sobre la banca fría de metal y cae en un sueño profundo, arrullado por la seguridad de que mañana será un día espectacular, pues vivirá en una hogar con un techo de verdad.

Capítulo 2
Metamorfosis

Mientras tanto, en el país de los sueños, Víctor despierta. El joven pescador abre los ojos lentamente, encandilado por la luz del amanecer y el murmullo de unas alas que se preparan para despegar. Con gran asombro descubre que se encuentra dentro de una colmena y él es una larva. Está en proceso de convertirse en… algo, pero ¿qué? Se pregunta, sorprendido, *¿y ahora qué pasa?*, *¿y mis manos?*

Al otro lado de la cera del panal sólo se puede ver la silueta de extraños seres. *¿Abejas?* Experimenta un gran dolor mientras le salen alas, patas y antenas. Grita pidiendo ayuda, su transformación es total y está totalmente confundido, tiene pensamientos humanos pero cuerpo de abeja, ¿acaso esto le permitirá disfrutar un nuevo mundo desde una perspectiva completamente diferente, fascinante, aceptando su nueva realidad no-humana, sino abeja pero con conciencia humana? Sorprendido aún de lo que está sucediendo, se pregunta si todo esto será un sueño, pero aún tiene recuerdos de sus abuelos. *Papá Víctor y Mamá Rufina*, se repite a sí mismo.

Cuando su cuerpo es demasiado grande para la celda en la que se encuentra, sus alas rompen la cápsula que lo ha mantenido prisionero, pero seguro. Algo dentro de él sabe que es momento de salir a descubrir el mundo y entonces se asoma con miedo y curiosidad y así se extienden sus antenas y su pequeño cuerpo. Sin ningún tipo de ayuda, con sus fuerzas propias, se libera.

Y entonces ante sí observa la colmena. Siente tanto miedo como admiración, está impactado por la inmensidad, quizás porque él es muy pequeño o porque una colmena es muy sorprendente. *¿Acaso estoy muerto? Anoche en la banca me debió de haber pasado algo, ¿será este el cielo o el infierno?* Temblando y temeroso, seguro de lo que le pasa es real, recuerda ese libro que leyó, *Magia de pensar en grande*, donde decía que "El miedo tiene pies y cabeza, pero la única manera de ganarle es aceptando el reto". Al principio, su metamorfosis pudo parecer algo dolorosa, pero ahora está listo por las oportunidades y las futuras lecciones que la metamorfosis le promete. Poco a poco su cuerpo crece más conforme es alimentado por sus amables nuevas hermanitas nodrizas, que se dedican a cuidar y alimentar a todas las bebés del reino hasta que están listas para vivir sus historias de leyenda. Las preguntas más importantes y que rebotan dentro de su cabeza de abeja: *¿qué es esto?, ¿dónde estoy?*

En idioma abeja, bajo su interpretación humana, escucha un bzzz, bzzz, y detrás de él siente la patita peluda de Will una abeja con la sonrisa, tan linda que le recordaba a la de su abuelita. Will sigue diciendo bzzz bzzz bzzz:

—¡Bienvenido a la colmena! Te llamarás Víctor Bee.

Con mucho miedo y alegría, Víctor Bee extiende y sacude sus alas en señal de entendimiento. Es momento de aceptar su nuevo estilo de vida.

Antes era incapaz de percibir los pequeños detalles del mundo natural, pero al asomar sus ojos fuera de la colmena su aguda visión le permite ver los colores vibrantes de las flores y los delicados detalles de las hojas, puede escuchar y oler a kilómetros de distancia. Se siente como un superhéroe. Recuerda aquella vez que se perdió en los manglares de la laguna La Grande y pudo salir vivo y a salvo de entre los cocodrilos y jaguares con su instinto de pescador. Esta situación es muy parecida. *Es ahora o nunca*, sabe que debe sacar ese instinto para salir de la pesadilla, que se siente muy real.

El tiempo pasa rápido y Víctor Bee dice sus primeras palabras. Como en cualquier nuevo idioma, empezó diciendo "Hola". *Uno, dos y tres, aquí voy*:

—¡Bzzz! —dice Víctor, emocionado porque por fin se atreve a comunicarse.

—Bzzzzz bzzzz bzz bzzzzz bzzzzzz / Ya quiero empezar mi historia de leyenda y siento mucho entusiasmo — exclama Víctor Bee .

—Bzzzzzzzz / ¡Entusiasmo! —replicó Will Bee con enérgica voz—. Diste en el clavo en tu primer día. Lo que a mí me llevó varias semanas tú acabas de lograrlo, y sin ayuda. Eso es un buen augurio.

Es cierto, muchas veces no nos detenemos a pensar en el verdadero sentido de las palabras que utilizamos. Es maravilloso darse cuenta de que el entusiasmo proviene de tener a Dios dentro de nosotros—. Acercándose más a Víctor Bee, como en confidencia: —Esto nos recuerda que, independientemente de nuestras circunstancias o del momento de vida en el que nos encontremos, siempre llevamos una chispa divina dentro de nosotros que nos impulsa a vivir con pasión y alegría. Nunca estamos solos, porque Dios está siempre presente en nuestra vida.

—Gracias por esta enseñanza tan hermosa, y gracias por tu cálida bienvenida Will Bee. Estoy orgulloso de formar parte de esta comunidad y compartir experiencias e ideas contigo. Juntos, vamos a crecer y aprender cada día. Con mi entusiasmo, estoy seguro de que podré dejar huella en nuestra colmena —dice Víctor Bee a su nuevo mentor.

—Acompáñame, te voy a presentar a la reina —dice Will Bee, y Víctor Bee le sigue.

Caminando hacia la oficina de la reina, Will Bee le explica cómo funciona una colmena:

—Mira, Víctor Bee, uno de los mayores desafíos, como líder abeja, ha sido la búsqueda de néctar y polen para nuestra colmena. Pero tengo buenas antenas y sé que tú puedes ser un gran líder abeja que continúe con mi legado —para en seco y dirige su mirada hacia Víctor Bee, luego continúa hablando—. Bueno, a veces, las flores escasean y encontrar alimento se convierte en una tarea difícil, pero veo que tienes una mentalidad diferente, como de la de un humano —ríe Will Bee como si estuviera contando un gran chiste—. No eres un humano, ¿o sí?—ambos se miran y entre ellos surge un incómodo silencio—. Ja, ja, ja, ja no te creas, a veces quiero ser amistoso y cuento chistes, pero es claro que tú eres una abeja Víctor Bee.

A pesar de ser una colmena con un área reducida, Víctor Bee siente que ha caminado muchísimo, aunque le agrada hacerlo en compañía de su nuevo amigo y mentor Will Bee, ya que platica y platica.

—Mira, Víctor Bee, en nuestra colmena hay tres tipos de abejas: la abeja reina, las abejas obreras y las abejas zánganos. La abeja reina es responsable de poner huevos para que nazcan nuevas abejas. En cada colmena hay sólo una abeja reina y le debemos la vida a ella. Las abejas obreras son las que más trabajan. Se encargan de ir a las flores a recolectar néctar en miel. Son las encargadas de construir y mantener el panal, cuidar a las larvas y a la abeja reina, y también defender la colmena de posibles amenazas. Yo soy una de esas y me encanta ayudar. Por último están las abejas zánganos. A diferencia de las obreras, los zánganos no trabajan, su única función es alimentarse y fecundar a la abeja reina, (que se ve que es divertido), pero sus caras no los favorecen —rio un poco Will—. No, en serio, son importantes para nuestra colmena, pues sino no tendríamos descendencia.

Víctor Bee ríe con él.

Mientras caminan, Will Bee le dice con mucho entusiasmo a Víctor Bee:

—Bz bzzzz bzzzzzz bzz bzzz bzzzzz... / A lo largo de tu increíble viaje de leyenda vas a aprender lecciones invaluables: encontrarás poder en la comunidad. En este mundo donde los individualistas, como los dinosaurios, desaparecieron, nosotros seguimos aquí.

Víctor Bee descubre que la colaboración y el apoyo mutuo son fundamentales para superar los desafíos y lograr grandes cosas, y, aunque esto sea un sueño, lo puede llevar a la vida real cuando despierte.

Siguieron caminando hasta que Will lo condujo por un pasillo lleno de pinturas. Cada una mostraba a una reina pasada y cada reina tenía su pintura. Era un pasillo hermoso, lleno de brillos dorados porque la miel escurría por las paredes.

—¡Qué hermoso es! —dijo Víctor Bee, observando detenidamente el pasillo.

Se fija en una pequeña puerta tras la cual se enseña una clase de baile. La clase se llama "La forma de comunicación". A lo lejos se escucha un zumbido que dice:

—Bzzzzzzz bzzzz / Muévanse, chicas —es la voz de la entrenadora de abejas.

Víctor Bee observa a las abejas mover las colas, coordinando las antenas de una manera muy singular. *Qué divertido*, piensa, *es como la zumba. ¡Ahora entiendo! Por eso se llamara así: zumba, por zumbido.*

—Bzzz bzzzzzz bz... / Víctor Bee sígueme, ahora vamos a ver a la reina para que nos indique en qué papel te ubicarías, sí como una abeja obrera o como una abeja zángano —dice Will Bee.

Ya están justo delante de la puerta del palacio de la reina.

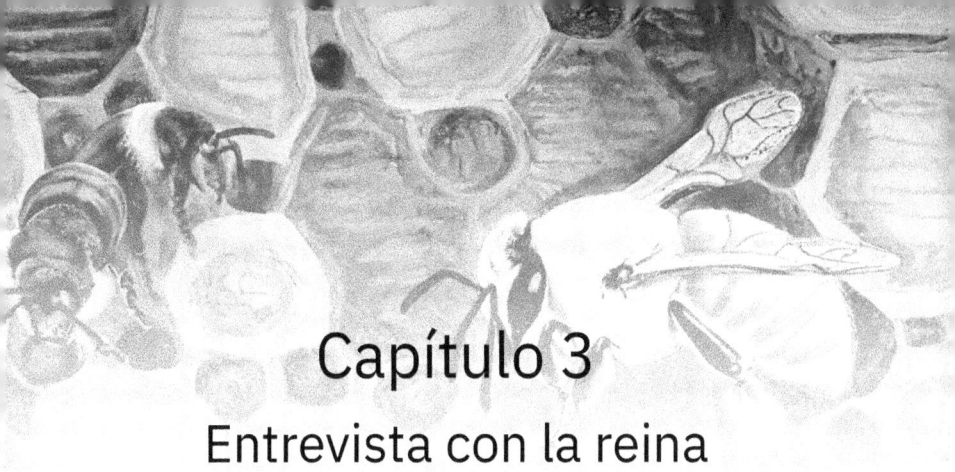

Capítulo 3
Entrevista con la reina

Al ver a la Reina Bee, su madre, de un tamaño superior, con un abdomen más grande de lo que él imaginaba, queda boquiabierto. La sala está llena de sirvientes bees, algunas llevan jalea real para alimentar a la reina, mientras otras llevan a las recién nacidas abejas, que no paran de desfilar por los pasillos de la colmena.

Will Bee empuja a Víctor Bee hacia la reina, quién parece muy ocupada. Sin embargo, su mirada está fija en Víctor Bee. Le manda acercarse con una seña de su patita y le sonríe suavemente mientras le da una especie de bendición. Le pregunta, con tierna pero cansada voz:

—¿Cómo estás, Víctor Bee? Platícame de ti.

Víctor Bee tartamudea y, aún sin entender qué está pasando, dice:

—Emocionado y con entusiasmo de haber superado las primeras etapas de selección para este nuevo puesto en la colmena. Aunque aún no sé cuál será mi rol exacto. Will Bee notó que dije la palabra "entusiasmo" sin que nadie me la enseñara. Eso demuestra que entiendo la importancia de que Dios esté dentro de mí.

La reina le responde:

—¡No me digas lo que quiero escuchar! Quiero que me hables de ti. Con honestidad.

Víctor Bee queda sorprendido, *¿por qué me hace la misma pregunta?*

—Cuando me pides que hable de mí, me vienen a la mente muchas cosas. Hasta ayer, yo era un humano durmiendo en una banca fría frente a la playa, y ahora estoy aquí sin comprender completamente qué sucedió —Will Bee se nota sorprendido ante esta información, pero pronto lo entiende todo—. La verdad es que no me importa si me creen o no; mis abuelos me enseñaron a confiar en Dios y si Will Bee me dijo que tengo a Dios dentro de mí, entonces confío en que estaré bien donde usted coloque y daré lo mejor de mí. Estoy dispuesto a aprender de todo lo que esta vida me dé, y si esto es lo que me ha sido dado, lo aceptaré con los brazos abiertos.

Will Bee y la Reina Bee se miran a los ojos con satisfacción. Víctor Bee siente que con la mirada concuerdan en que él es una abeja especial.

Feliz y satisfecho por esa primera impresión, decide alejarse. La Reina Bee y Will Bee se quedan conversando.

—Bzzzzz bz bz bz bzzzzz.

—Bzzzzzz bzzzzz bz bzzz bz bzzzz.

Víctor Bee ahora valora mucho a su nueva familia y empieza a pensar: *si esto es un sueño, cuando despierte podré contar esta gran aventura.* Se sienta con su gran cola y hermoso aguijón en una esquina.

Uno de los sirvientes bees se acerca:

—Bzzzz bzz bzz bzzzzzzz / ¿Quieres un poco de miel?

—Claro —dice Víctor Bee.

Cuando prueba un poco de aquella miel dorada, servida en una taza hermosa de porcelana con un sello de colmena, se dice a sí mismo: *podré inspirar a través del poder de la unidad y la solidaridad. Me dedicaré a extender mi mensaje de esperanza más allá de donde pueda imaginar; utilizaré mi habilidad para aprender rápidamente y conectaré con mi mentor, Will Bee.*

Entonces corre a inscribirse a las clases de baile para aprender más sobre cómo tener una comunicación en este nuevo mundo, su nueva historia de leyenda.

—Estoy listo, sé que puedo, sé que puedo y lo haré. Estoy listo, sé que puedo, sé que puedo y lo haré —mientras lo dice, las palabras se trasladan de su mente a su corazón.

Consejos Polinizadores

La metamorfosis es un concepto fascinante que se ha utilizado a lo largo de la historia para describir un cambio profundo y significativo en un ser vivo. En la historia de Víctor Bee, vemos como ejemplo de metamorfosis la formación de las alas y antenas, pero sobre todo cuando Víctor pasa de ser una larva a ser el espectacular Víctor Bee. El personaje pasa por un proceso de cambio radical: de pescador a abeja.

Lo importante en este episodio es el aprendizaje de abandonar el estado anterior para poder convertirse en algo completamente diferente, en muchos casos más hermoso y fuerte, que es lo que buscamos en la Polinización de Empresas.

En nuestras vidas también podemos experimentar una metamorfosis emocional, mental y espiritual. A veces nos encontramos en situaciones difíciles o pasamos por momentos de crisis que nos obligan a cuestionar nuestras creencias, actitudes y comportamientos, estos momentos de cambio pueden ser dolorosos y desafiantes, pero también pueden ser una oportunidad para crecer, aprender y transformarnos en versiones mejores y más auténticas de nosotros mismos. La crisis permite la creación de vidas nuevas. Nosotros creemos que si sigues leyendo este libro vas a conseguir Ideas Polinizadoras que te convertirán en una hermosa abeja, mariposa o lo que quieras ser en son de la metáfora.

Aceptar quiénes somos y abrazar nuestra individualidad es fundamental para experimentar una verdadera metamorfosis. Puede que nos sintamos presionados por la sociedad y los estándares culturales para encajar en un molde determinado y ser aceptados por los demás, sin embargo, es importante no dejarnos llevar por la presión, pues puede resultar en la pérdida de nuestra identidad, que nos llevaría a vivir una vida que no nos satisface. Como dice la canción: "Vive y deja morir".

Al aceptarnos a nosotros mismos, podemos comenzar a explorar nuestras pasiones, intereses y valores; podemos ser honestos con nosotros mismos acerca de nuestras debilidades y fortalezas, y trabajar en desarrollar las cualidades que deseamos tener. La aceptación también nos ayuda a superar la comparación con los demás, ya que entendemos que cada uno tiene su propio camino y su propio tiempo de crecimiento.

La metamorfosis es un proceso continuo. Sigue leyendo y aplicando lo que con mucho entusiasmo escribimos para ti.

La metamorfosis en este libro será un concepto poderoso que nos recordará la importancia del cambio y la evolución. Aceptar quienes somos y estar dispuestos a cambiar nos permite experimentar una vida más auténtica y satisfactoria; no tenemos que ser perfectos, sólo tenemos que ser nosotros mismos y estar dispuestos a crecer. A medida que abrazamos nuestra individualidad y nos aceptamos a nosotros mismos, nos convertimos en abejas más fuertes que vuelan libres, de manera auténtica.

Capítulo 4
Salir de la colmena

Han pasado, hasta hoy, veintiún días desde que Víctor Bee se convirtió en una pequeña abeja. Para este momento él ya ha conocido gran parte de la colmena y algunas de las labores de sus compañeras abejas.

Víctor Bee está aún sorprendido de su nueva vida, pasea entre los montones de abejas trabajadoras y a lo lejos ve que Will Bee lo busca.

—¡Hola, buenos días! Amigo Víctor Bee, ven, sígueme —aún emocionado, sigue a Will Bee fuera de la colmena—. Víctor Bee, hoy es un día importante para ti, hoy saldrás de la colmena —le dice muy entusiasmado.

Víctor Bee no puede ocultar la gran sonrisa de emoción: al fin podrá conocer algo más allá de su nuevo hogar.

—¡Al fin conoceré el mundo exterior a través de los ojos de una abeja! —grita eufórico Víctor Bee.

Ambos se van volando juntos, y sienten la brisa fresca en sus alas. Víctor Bee mira, maravillado, todo lo que se cruza en su camino: los árboles, las flores, el cielo azul.

—Mírame y sígueme —dice Will Bee.

Al principio, Víctor se siente ridículo al ver que Will Bee comienza a bailar y ríe. Will Bee ríe con él.

—Es hora de poner en práctica tus clases de baile, amigo Víctor Bee. Esta es la única manera en la que las abejas muestran a otras las coordenadas que deben de seguir para llegar a un punto, después de ver detenidamente y memorizar cada paso —Will Bee canta—: Dale a tu cuerpo alegría, Macarena… —mientras baila al ritmo de su canción.

Víctor Bee baila con él.

Will Bee lo lleva hasta un campo lleno de flores multicolores, donde Víctor Bee se posa sobre una de ellas y recolecta con miedo el néctar mientras observaba cómo otras abejas hacen lo mismo, aunque ellas parecen más experimentadas. Después de un rato, Will Bee decide hacer algunas maniobras en el aire.

—Guaaaaau, ¡es impresionante! ¿Me enseñas? —dice Víctor Bee.

—Claro que sí —le responde Will Bee.

En ese momento llega una abeja novata y le pide ayuda a Will.

—Señor Will Bee, señor Will Bee, Pedro Bee se quedó atorado con sus antenas en una flor.

—Enseguida voy —dice Will Bee, preocupado. Va con Víctor Bee y le pide que permanezca ahí, practicando con las flores.

Como es de esperar, Víctor Bee no se aguanta, quiere explorar.

—Estoy volando rapidísimo, no puedo creerlo, ¡estoy volando!

Vuela lejos y más lejos hasta llegar a un gran jardín lleno de plantas exóticas.

Víctor Bee se dedica a polinizar.

—Ahora sí podré colaborar en el crecimiento y reproducción de la colmena —dice, convencido de que realiza bien su trabajo.

Está maravillado con la diversidad de formas y colores que encuentra en cada una de las flores. *Esto es mágico y hermoso.*

De repente, Víctor Bee ve algo que lo intriga y va hacia ello. Una mariposa de colores brillantes revolotea cerca de él. Sin pensarlo dos veces, la sigue, sumergiéndose en una danza aérea llena de libertad y belleza donde la mariposa lo saluda con reverencia, como si Víctor Bee fuera de la realeza. Es como si el mundo se abriera ante él, mostrándole infinitas posibilidades. Se despide de la hermosa mariposa haciendo una reverencia, como si ella fuese de la realeza también.

El tiempo pasa volando y Víctor Bee se da cuenta de que es hora de regresar a la colmena, hora de contar esa gran aventura a Will Bee. Entonces agradece a Dios por la increíble experiencia que ha tenido, y regresa.

—¡Dios mío! —grita—. ¿Pero dónde está la colmena? Volé tan lejos que no recuerdo dónde está. ¿Por qué no hice caso?, ¿por qué no me quedé en la flor que me asignó Will Bee.

Decide sentarse, frotando sus antenas como si fueran trenzas y viendo al cielo. *Qué hacer… qué hacer… ¡Ya sé, un plan!*, piensa mientras estructura varios planes.

Plan 1. Grita y pide ayuda volando en círculos.

—Bzzzzzz bzzzz bzzzzz —pero nadie le ayuda; los otros insectos lo ven a lo lejos y se burlan de él.

Plan 2. Buscaré a la mariposa para que me ayude, ahora es mi amiga y se ve buena mariposa, seguro conoce varios caminos.

La busca, pero la mariposa ha desaparecido como si se tratara de un ángel que vino a saludar y se volvió al cielo.

Plan 3. ¡El baile de la Macarena!

Pero me siento ridículo, yo aquí solo y con esos insectos burlándose. No, no. Pero es lo que seguro tendrá un resultado positivo, se dice a sí mismo, comenzando a mover las caderas, la cola, a la derecha, a la izquierda... pero en ese momento los insectos empiezan a burlarse de Víctor Bee.

—¡Eso! Mueve el bote —ríen a carcajadas.

—Uno, dos y tres: — y empieza a cantar— Dale a tu cuerpo alegría, Macarena.

Cierra los ojos. Aunque al principio le parece extraño bailar solo, Víctor Bee pronto comprende que esa es lo forma de recordar el camino de vuelta a la colmena.

Después de encontrar el ritmo, Víctor Bee se prepara, emocionado, para su despegue hacia la colmena y sale volando como un jet a toda velocidad.

—Will Beeeeeeeee, Will Beeeeee —grita, siguiendo las coordenadas que ya ha memorizado.

Después de unos minutos de vuelo, mira a lo lejos, al jardín lleno de pastos verdes, árboles frondosos y altos, y un enorme campo repleto de flores. Sigue su vuelo sobre las flores hasta que encuentra a Will Bee.

—He llegado, amigo —le dice a Will Bee.

Will Bee se alegra al darse cuenta que Víctor Bee pudo seguir sus coordenadas.

—Excelente, Víctor Bee, has completado la primera parte de tu misión, ahora tienes que recolectar polen para las recién nacidas y néctar para la miel.

Víctor Bee se emociona notablemente, pero con culpa por no haber seguido las órdenes de su mentor. Está tan asombrado, tan aliviado, admirando sus alrededores, que no se da cuenta que Will Bee se ha marchado. Ahora está solo con su nueva misión.

Así, comienza a volar sobre las flores, ahora sí haciendo caso a la orden de Will Bee. Hay una gran variedad de flores y Víctor no sabe por dónde comenzar, o simplemente de qué flor se puede recolectar polen.

A lo lejos distingue a un grupo de abejas y decide acercarse a ellas. Observa cómo recolectan polen, el tipo de flores que eligen.

—Cuando estaba en mi pueblo, nadie me enseñó a pescar, aprendí viendo a otros hacer su trabajo. Aquí también aprenderé así —dice Víctor Bee, recordando cuando era humano.

Observa más de cerca y se da cuenta que las abejas tienen el cuerpo cubierto de pelos, estos les ayudan a recoger fácilmente los gránulos de polen. *Yo tengo las mismas posibilidades,* observa. Las mira moverse hacia el interior de las flores. Cada abeja recoge la cantidad suficiente de polen, *¡ah!, recogen sólo lo suficiente para alimentar a la colmena, entonces lo que hacemos lo hacemos por el bien común de nuestra familia.*

—Bueno, creo que ya he entendido cómo funciona esto. Es momento de ocuparme en mi propio polen —dice Víctor Bee.

Voló buscando una flor de la cual recaudar polen. Parece que por fin ha encontrado lo que necesita cuando el cielo se torna oscuro y de él salen sonidos extraños, *trump, trump,* como un crujido.

Más ocupado en su búsqueda, Víctor no le da mucho importancia.

Consejos Polinizadores

La educación es uno de los aspectos más importantes en la vida, como le pasa a Víctor Bee. A través de la educación podemos adquirir conocimientos y habilidades que nos permitan prosperar y tener éxito en diversos campos. Sin embargo, la importancia de la educación no se limita a la adquisición de conocimientos, sino que tiene un impacto significativo en el desarrollo social, es importante usar la educación a favor de la comunidad.

La educación en la Polinización de Empresas desempeña un papel crucial en el fortalecimiento de la economía de los negocios locales. La educación nos proporciona las habilidades necesarias para obtener empleo o abrir negocios propios. Pero si no nos tomamos en serio la educación con las indicaciones que dio Will Bee, como le pasó a Víctor Bee, a veces nos vemos orillados a buscar otras alternativas a pesar de que ya sabemos lo que sí funciona y lo que no. En el caso del baile de abejas, por coordenadas, se está hablando de una capacitación, un mapa probado. A través de la educación se transmiten los valores, tradiciones y conocimientos de generación en generación, como lo hace Will Bee.

La educación continua tiene un papel fundamental en el desarrollo de una persona y de una sociedad. Proporciona las bases para el crecimiento y desarrollo individual, fortalece la economía de nuestro México y preserva la cultura y el patrimonio de una sociedad. Es responsabilidad de cada individuo aprovechar al máximo las oportunidades educativas, como se menciona en este capítulo. Hay que usar la capacitación como una herramienta para nuestro propio crecimiento y beneficio, así como para el desarrollo de nuestra comunidad.

La educación es verdaderamente un activo invaluable que debemos utilizar a nuestro favor; la educación es esencial para la filosofía de la Polinización de Empresas: La capacitación es Polen. ¿Cómo vas a Polinizar con conocimiento a otros?

Capítulo 5
Lluvia letal

Víctor Bee mira a su alrededor y ve a las abejas volar de regreso. Se sorprende al verlas tan apuradas, pero a la vez no se siente listo para regresar con ellas, pues no ha recaudado el polen necesario. Comienza a preocuparse al sentir que el cielo oscurece cada vez más. Así que en cuanto ve una flor se acerca a ella, decidido a recolectar el polen. Cuando menos se lo espera, suena un trueno. Sus antenas comienzan a bailar como por voluntad propia, espantadas. Empiezan a caer gruesas gotas de lluvia, ¡gotas enormes!, mortales.

—La lluvia no era así cuando yo era humano —dice.

Intenta volar entre la lluvia mortal, pero una gotota le cae encima, forzándolo hacia el suelo.

—Ay, ayyyyyyy, qué dolor. Dios, ayúdame —dice Víctor Bee—. Pero no, me niego a darme por vencido y estoy decidido a demostrar que sí puedo.

Con el amoroso recuerdo de los consejos de su abuelo y con su Mamá Rufina en su corazón, decide que es tiempo de demostrar de qué están hechos sus sueños.

Recuerda también lo que le dijo Will Bee, "No importan las circunstancias, siempre habrá una luz al final del túnel".

—¡No me perderé estas enseñanzas, es hora de llevarlas a la práctica! —dice con un tono de determinación.

Esa gota lo ha dejado completamente empapado. Su pequeño cuerpo y sus alas están mojadas, así que no puede emprender el vuelo de regreso a su colmena. Sólo le queda esperar hasta el siguiente día.

—Sólo me queda esperar a que esto pase. Buscaré un refugio para cubrirme de la lluvia —dice.

Bajo una hoja gigante que había visto antes, en su camino, se cubre de la lluvia. De repente se le aparecen dos ojos. *¿Qué es eso?*, piensa con terror y asombro. Resulta ser un insecto que también ha sido afectado por el clima mortal. ¡Un saltamontes camuflado! Sin embargo, en lugar de huir, Víctor Bee se apoya en él y le pregunta:

—¿Cómo hace para sobrevivir a estas tormentas de lluvia letal?

El saltamontes le muestra que él vive en armonía con la hoja: se hacen uno mismo para protegerse.

Víctor Bee está muy desanimado, pero vuelve a pensar en sus abuelos, sabe que ellos confían en él y se niega a desilusionarlos. Toma ánimos, se despide del saltamontes y sigue adelante.

Logra encontrar un mejor lugar, entre hojas gigantescas y la corteza de un árbol, para refugiarse.

—Siento que ya han pasado horas, Will Bee debe de estar preocupado por mi —dice mientras espera que la lluvia pase.

A pesar de este obstáculo, lo que más desea el corazón de Víctor Bee es perseverar. Su determinación y actitud positiva lo hacen invencible. Paro el pecho con fortaleza, pero su entusiasmo disminuye de cien a cero en un segundo cuando, al volar lentamente sobre el suelo, ve a incontables abejas muertas en los charcos de agua. Otras insectos también luchan por su vida. Está profundamente perturbado.

La muerte de los otros lo enseña con ejemplo tangible que tiene una segunda oportunidad. Aunque en ocasiones la vida nos presenta este tipo de acontecimientos, siempre podemos encontrar una manera de superarlos y salir adelante.

Víctor Bee permanece en su refugio, con un frío que no se puede sacudir porque tiene las alas y el cuerpo empapado. No puede regular su temperatura y le da tanto miedo que no le queda más que llorar. Sabe que si no se calienta pronto, se vería muy afectado. La lluvia, inclemente, no para de caer con horrorosos sonidos. *Buuuuum. Pum.*

Es momento de pensar rápidamente y encontrar una solución creativa. Le llega un recuerdo de la infancia, el antiguo ritual de clavar un cuchillo en la tierra y decir una oración para parar a una tormenta.

—¡Sí! —grita entusiasmado—. Recuerdo que Mamá Rufina lo hacía, ella recurría a esta práctica para proteger los cultivos de las tormentas. ¡Pero no tengo un cuchillo! —recuerda con desánimo—. ¡Ya sé!, voy a cortar un pedazo de rama y le daré filo con mi aguijón.

Entonces empieza a afilar la rama.

Después de unos minutos de trabajo, por fin logra darle filo. Baja lentamente su cuchillo hecho en casa y, al voltear, se da cuenta de que tiene atrás al saltamontes, quien le pregunta:

—¿Qué haces, Abeja? De verdad que no creo que seas una abeja normal.

Víctor Bee no se enoja, al contrario, ríe y decide pedirle ayuda al saltamontes.

—Mira, Saltamontes, vamos a pedir a Dios que cese la lluvia mortal. Vamos a enterrar esta madera en forma de cuchillo y pediremos al Todopoderoso que por favor pare esta masacre de insectos. ¿Me ayudas? —dice antes de comenzar su oración—. Dios, que estás en el cielo, ayúdame a erradicar esta lluvia mortal y darles una segunda vida a los insectos, amen —al terminar, clava con todas sus fuerzas el cuchillo de madera.

Sale el primer rayo de sol; la lluvia se disipa.

Sorprendidos, Víctor Bee y el saltamontes se arrodillan y dan gracias a Dios. Pasan varios minutos hasta que se dejan de escuchar los golpes de las gotas en las hojas de los árboles. Deciden salir de su refugio para ir a mirar un poco. Y sí, después de horas de tanto llover, por fin ha terminado. El sol comienza a asomarse de entre las nubes que quedan. Víctor Bee agita sus alas para quitarse los restos de agua que tiene, secándose también el cuerpo con los rayos de sol. Al terminar de secarse nota algo: sus pies ya no tienen polen, el poco polen que ha recolectado se cayó con la lluvia. Se entristece al darse cuenta que no pudo completar su primera misión.

—Will Bee estará decepcionado. Es mi primer día saliendo y me pasa esto...

Pero el saltamontes lo interrumpe.

—Ey, Abeja, quizá no pudiste recolectar polen y néctar, pero me diste algo, el poder de la fe. Gracias por polinizarme con la fe. —al terminar estas palabras, su amigo saltamontes se marcha.

Víctor Bee sabe que él también debe de regresar con los suyos.

Con los ánimos bajos y sus pies sin una sola motita de polen, pero sano y salvo, decide ya no alargar más su estancia en ese campo y volver a la colmena. Usa el conocimiento de las coordenadas que le dio Will Bee para regresar. Se prepara y como un jet emprende su vuelta a la colmena.

Consejos Polinizadores

Cuando nos encontramos en momentos difíciles en la vida, como le pasa a Víctor Bee, que se acerca mucho el peligro latente, incluso bordeando la muerte, ya sea personal o profesionalmente, a menudo buscamos orientación y apoyo para superar esos problemas. Una de las fuentes de sabiduría y experiencia más subestimadas son nuestros abuelos. Para Víctor Bee es importante valorar los consejos porque, como se dice muy coloquialmente, "Como te ves me vi y como me veo te verás".

Nuestros abuelos han, obviamente, vivido más tiempo que nosotros y han enfrentado y superado múltiples desafíos a lo largo de sus vidas. Además, la fe en Dios puede proporcionar consuelo y fuerza en momentos de adversidad.

En este capítulo se aborda una manera en la que podemos utilizar la fe en Dios y recurrir a los consejos de nuestros abuelos para superar los problemas en los negocios de forma exitosa. Cuando enfrentamos problemas en los negocios, a menudo nos sentimos abrumados y desesperados, te lo digo por experiencia. He cerrado diez negocios con pérdida total, y aquí sigo, siempre adelante. A través de la fe en Dios puedo encontrar consuelo y esperanza.

La creencia de que Dios tiene un plan para nosotros y que nos guiará a través de nuestras dificultades puede ayudarnos a sobrellevar los momentos difíciles y mantenernos enfocados en nuestras metas, como Víctor Bee que se niega a morir hoy. La fe en Dios nos ayuda a tener paciencia y confianza en que las cosas mejorarán si perseveramos. Además, la oración y la meditación pueden brindarnos claridad y sabiduría para tomar decisiones inteligentes en los negocios.

Por el otro lado, nuestros abuelos tienen una riqueza de experiencia y conocimiento que puede ser inmensamente útil cuando enfrentamos problemas en los negocios. Por eso, si los tienes vivos, aprovecha su sabiduría. Los míos ya están en el cielo, pero me hubiera encantado aprender más. Ellos también han pasado por altibajos en su vida profesional, sus consejos provienen de años de aprendizaje y experiencia práctica. Escuchar a nuestros abuelos y aprender de sus éxitos y fracasos puede proporcionarnos una perspectiva valiosa y ayudarnos a evitar cometer los mismos errores que ellos. Los abuelos también nos enseñan importantes valores, algunos de los cuales son fundamentales en los negocios, como la paciencia, la honestidad y el trabajo duro, pero sobre todo que ellos siempre van a creer en nosotros.

Cuando nos enfrentamos a problemas en los negocios, la fe en Dios y el consejo de nuestros abuelos pueden ser recursos valiosos para superar esas dificultades. La creencia en un poder superior nos proporciona consuelo y esperanza, y los consejos de nuestros abuelos nos brindan sabiduría y experiencia práctica. Al combinar la fe en Dios con la sabiduría de nuestros abuelos, podemos encontrar fuerza y orientación para superar cualquier obstáculo.

En la Polinización de Empresas la fe es polen. Si sabes de alguien que está pasándola mal, comparte tu fe, poliniza.

Capítulo 6
El sol ha salido

La lluvia termina y sale el sol con más entusiasmo. Víctor Bee vuela de regreso a la colmena, va contemplando el campo de flores y medita sobre lo que la ha sucedido hoy.

Al ir volando, divisa una gran silueta como una sombra gigante que lo arropa. Es la silueta de la mariposa con la que bailó. La busca para saludarla, pero ya no la encuentra. *¿Entonces, qué es? Qué raro, cuando la conocí por primera vez también desapareció.* A Víctor le parece que es una especie de ángel guardián, o quizá sólo está confundido por las emociones del día.

—Hoy ha sido un día impresionante, pude salir de la colmena, recolectar polen, vi morir muchas abejas e insectos, detuve una tormenta mortal con un cuchillo de palo y, aunque esa lluvia me quito el polen que traía, aprendí cosas nuevas.

Se sintió de nuevo entusiasmado. Podría parecer que su día había sido malo, pero él decide quedarse con lo nuevo, lo aprendido, no quiere dejarse llevar por las cosas que salieron mal.

Ya está cerca de la colmena. A lo lejos puede ver a una abeja muy agitada, revoloteando. Víctor Bee se acerca y se da cuenta de que es Will Bee. Will Bee lo mira e inmediatamente vuela hacia él.

—Bzzzz bzzzzzzzzzz, Víctor Bee, ¡qué bueno que estás bien! Estaba preocupado por ti, me alegro tanto de que pudieras regresar a casa.

Él se sorprende de que Will Bee no se note molestó.

—Lo siento, Will Bee, les fallé, no pude traer el polen. La lluvia mortal hizo que perdiera lo poco que había conseguido —le dice Víctor Bee.

Will Bee lo mira con cara de confusión.

—Víctor Bee, eso no importa, lo importante es que regresaste vivo, ya mañana podrás recolectar más. Ahora ya estás con nosotros.

Víctor Bee no se ve del todo convencido por las palabras de Will. Will Bee prosigue:

—Además, no podemos controlar el clima, a veces las cosas no salen como queremos y eso está bien. Lo importante es que aprendiste algo nuevo y eso es valioso. El polen ya vendrá en otro momento. Estoy orgulloso de ti por haber salido de la colmena para explorar el mundo exterior —Will Bee es sincero.

Víctor Bee se siente aliviado al escuchar las palabras de Will Bee. A veces, los errores y los fracasos nos hacen crecer y aprender más que los éxitos. A pesar de haber perdido el polen, Víctor Bee ha ganado nuevas experiencias y conocimientos.

—Gracias, Will Bee. Tus palabras significan mucho para mí. Aprendí que no puedo dejar que los obstáculos me desanimen y que siempre hay algo positivo que obtener de cada situación. Estoy emocionado por lo que el futuro me depara —dice con optimismo.

Los dos amigos continúan volando hacia la colmena, compartiendo historias que para muchos podrían parecer locas.

—¡Qué! ¿Detuviste una tormenta e hiciste un amigo saltamontes? —ríe Will Bee, pues le parece una aventura fabulosa—. Sí que tuviste una aventura.

Will se sincera, le dice que el camino no siempre será fácil, pero, si está dispuesto a enfrentar los desafíos junto a él y apoyarse mutuamente, nunca lo dejará solo.

—Es una promesa.

Llegando a la orilla de la colmena, ambos sonríen y dejan de volar para caminar dentro de la colmena. Víctor observa a las abejas compartir la miel la una con la otra mientras otras practican nuevos bailes. Entonces comprende: *las abejas son un gran ejemplo de trabajo en equipo, ya que ellas trabajan para el beneficio del grupo y no por el beneficio de cada una.*

—Mira, Víctor Bee, las abejas siempre buscan el bienestar de su comunidad, por eso se dividen las tareas. Tú hoy no pudiste recolectar polen, pero otras sí pudieron, por eso somos una colmena. Cada una trabaja para mantener el funcionamiento, generando un alineamiento donde cada esfuerzo individual crea una dirección en común.

Juntos caminan hasta quedar frente a las celdas del panal.

—Pon atención al área de celdas hexagonales, las cuales están unidas y forman el panal. Estas celdas se utilizan de distintas maneras, como para incubar los huevos, proteger a las crías, almacenar y dirigir el alimento, dar rigidez al nido. Cuando están llenas de miel y polen, funcionan como depósitos de alimento.

Will Bee hace una pausa, cansado.

—Bueno, Víctor Bee, hoy ha sido un largo y ajetreado día, es momento de descansar. Esta será tu lugar para dormir —le dice, mostrándole una cómoda celda.

—Gracias. Buenas noches —le dice Víctor Bee.

En cuanto pierde de vista a su compañero, Víctor Bee se escapa hacia los salones de baile para entrenar más duro, quiere impresionar a Will Bee .

Llega al salón de baile y se encuentra con Pedro Bee.

—Bzzz / Hola —se saludan.

—¿Qué haces aquí tan tarde? —le pregunta Pedro Bee a Víctor Bee.

—Lo mismo te pregunto —le responde.

—La verdad es que... estoy aburrido, no puedo dormir. Apenas llevo veintiún días en la colmena y, no sé, la vida es muy monótona aquí. Siempre son órdenes: ven para acá, ve para allá. Entonces me salgo de noche para vivir aventuras dentro de la colmena, así nadie me regaña. A ti, Víctor Bee, ¿te gusta que te den órdenes? —le pregunta Pedro Bee con tono de fastidio.

—Pues la verdad no, pero dice mi mentor, Will Bee, que es un ciclo y cada quién tiene que hacer su trabajo, porque hay veces que alguien por circunstancias mayores no lo puede hacer.

Pedro Bee mira a Víctor Bee con cara de burla y aburrimiento. Con tono indiferente, le dice:

—Pero si lo que planteas es verdad, no tiene mucho sentido trabajar para otros—. De repente a Pedro Bee se le ocurre algo—. Ey, tengo una idea. Hay un pequeño rincón llamado Taberna de Moy, ¿vamos?

—¿Cómo? ¿Hay más abejas despiertas? —dice Víctor Bee, intrigado.

Decide ir con Pedro Bee.

Se dirigen a un pasillo que da a la oficina de la Reina. Ahí encuentran una pintura con un pasaje secreto. Guardando el mayor silencio y cuidado, pues a unos metros abeja (centímetros) está la oficina de la Reina, abren el pasaje secreto empujando la pintura tres veces. La pintura se abre, pasan a un túnel oscuro y al final divisan luces multicolores y cientos de zumbidos.

Al final del túnel se topan con una barra llena de abejas con aspecto de vividoras. Una abeja toca la espalda de Víctor.

—Ey, yo te conozco. Te ofrecí una taza de miel en la oficina de la Reina, ¿me recuerdas? —dice aquella abeja zángano.

—¡Te recuerdo! ¿Desde cuando trabajas cerca de la Reina? Me parece una gran labor.

—¿Trabajar? Soy un zángano.

Víctor Bee observa bien a su alrededor.

—¿Qué? ¿Entonces todos los que están aquí son zánganos? —pregunta Víctor Bee, asombrado.

—Sí, esta es nuestra vida: ustedes trabajan y nosotros nos divertimos —ríe el zángano.

Indignado, Víctor recuerda a las abejas muertas por la lluvia. *Eso no está bien, no es justo. Estos aquí divirtiéndose y las otras abejas…* Un estremecimiento le recorre las alas. *Bueno, yo también estoy aquí.*

Busca a Pedro Bee y lo encuentra bailando con otros zánganos. Observa los bailes, no son iguales al que hace Will Bee, estos parecen no tener ningún sentido, son casi obscenos. Víctor toma Pedro de una patita y lo arrastra lejos del grupo de zánganos.

—Vámonos de aquí, amigo. No pertenecemos, esto es para vividores sin razón de vida.

Pero Pedro se niega:

—No. Esto es lo que yo quiero ser, un zángano. Me encanta ser como ellos. Trabajaré duro para que me hagan zángano, es el mejor trabajo: no hacer nada.

Víctor Bee, sorprendido, e inundado por la desilusión y el enojo, se da la vuelta y regresa a la cama. Antes de caer rendido, piensa que en el mundo de los humanos también hay zánganos.

Consejos Polinizadores

La importancia de estar rodeado de personas con mente ganadora, alineadas con nuestros objetivos, es fundamental para lograr el éxito y evitar que los zánganos se aprovechen de nosotros. En este capítulo se muestra que, tanto en lo personal como en lo profesional, es crucial rodearnos de individuos motivados y positivos que tengan metas similares a las nuestras.

Cuando estamos con personas ganadoras, ellas nos contagian con su mentalidad y determinación, nos impulsa a lograr nuestras metas. Estas personas nos inspiran a ser lo mejor que podemos ser y nos animan cuando enfrentamos desafíos. Además, al estar rodeados de gente exitosa, podemos aprender de sus experiencias y consejos, lo que nos permite crecer y mejorar nuestras propias aspiraciones.

"Enséñame quiénes son tus amigos y de diré tu futuro", se dice por ahí. Nuestra mente es nuestro tesoro, es nuestro mundo interno generado a partir de la combinación de nuestro pensamiento, de nuestro sistema de creencias formado con el tiempo y especialmente formado a través de las experiencias e información que absorbemos en las interacciones con las personas con las que pasamos más tiempo. Mucha parte del futuro que nos espera está fundamentado y relacionado con las personas que influencian de mayor manera nuestros pensamientos y visión del mundo.

Por otro lado, si nos rodeamos de personas zánganas, es probable que nos veamos envueltos en situaciones negativas y poco productivas. Estas personas pueden tener una mentalidad de víctima y constantemente buscar excusas en lugar de soluciones. Su falta de motivación y su tendencia a aprovecharse de los demás pueden frenar nuestro progreso y limitar nuestras oportunidades.

Es importante recordar que somos el reflejo de las personas con las que nos asociamos. Si estamos constantemente rodeados de personas negativas que no tienen metas claras, es probable que nuestro propio enfoque y determinación se vean afectados. En cambio, si nos rodeamos de personas exitosas y comprometidas, nuestra mentalidad y perspectiva serán más positivas, lo que nos ayudará a alcanzar el éxito. Además, estar con personas ganadoras no sólo impacta en nuestra vida profesional, sino también en nuestra vida personal. Estas personas suelen ser fuente de apoyo y motivación en todas las áreas de nuestra vida, lo que nos permite construir relaciones sólidas y significativas.

Para la Polinización de Empresas, la importancia de estar con personas ganadoras y alineadas con nuestros objetivos radica en la influencia que tienen en nuestra mentalidad, determinación y éxito. Al rodearnos de personas motivadas y positivas, podemos aprender de su éxito, recibir apoyo y consejos valiosos, y mantenernos enfocados en nuestras metas. Evitar a las personas zánganas que sólo buscan aprovecharse de nosotros y distraernos nos permite crear un ambiente positivo y productivo en el que podemos prosperar y alcanzar nuestras metas.

La amistad ganadora es un tipo de polen. Si sabes de alguien que busque un mentor o la esté pasando mal, puedes asistirlo y polinizar con tu amistad, sólo asegúrate de que no sea un zángano. Y recuerda, eres el promedio de las cinco personas que te rodean es una de las propuestas más populares de Jim Rohn, empresario estadounidense, autor y orador motivacional.

Capítulo 7
La importancia de descansar

En una oficina, Will Bee se encuentra haciendo los reportes de producción de la colmena. Víctor Bee se acerca, temeroso. Sin que Will Bee alce la cabeza, sus antenas se empiezan a mover en señal de reconocimiento.

—Hola, Víctor Bee, ¿en qué puedo ayudarte? Me imagino que tienes algo que contarme, ya que mis antenas sienten en ti una vibra extraña.

—¡Sí! —dice Víctor Bee—. Quiero confesarte algo. El día de ayer no pude conciliar el sueño; el día de hoy me siento mareado y sin ganas de trabajar. Aparte me llenaron la mente de pensamientos raros, como para qué trabajar para otros si es más cómodo quedarme aquí y dejar que los demás hagan el trabajo.

Con cara triste, Will Bee mira a su compañero.

—¡Fueron esos *zánganos*! —y suelta una larga carcajada—. Sí, comprendo, a mí también me tocaron en mi primera noche aquí, pero esto no es una carrera de diez metros abaja, es un maratón de quinientos metros humanos. Hay que empezar dando el primer aleteo.

Will Bee se levanta de su silla y hace a un lado su reporte.

—Ven, deja te sirvo una taza de miel. Te voy a enseñar algo crucial. ¡Bienvenido al maravilloso arte del descanso! —dice mientras se estira—. El descanso es muy importante para las abejas, para todos los animales e incluso para las plantas. En nuestro mundo caótico, donde el tiempo nunca se detiene, es crucial encontrar la serenidad y el equilibrio en nuestras vidas de abeja. El descanso no sólo nos permite recargar energías, sino que también nos brinda la oportunidad de disfrutar de momentos de diversión y recreación con nuestra familia y amigos. Esto juega un papel fundamental en nuestra salud mental y emocional. En esta mentoría te enseñaré el maravilloso arte del descanso y cómo podemos encontrar la paz interior en medio del ajetreo diario de la colmena.

"A menudo nos encontramos atrapados en una rutina sin fin, corriendo de un compromiso a otro sin tomar un momento para nosotros mismos. Pero debemos recordar que no somos máquinas, somos abejas y necesitamos pausas regulares para mantenernos en equilibrio.

"Al encontrar tiempo para descansar y relajarnos, podemos rejuvenecer nuestra mente y cuerpo. Nos permite recargarnos y renovar nuestra motivación, lo que nos ayuda a enfrentar los desafíos diarios con una perspectiva renovada".

—Entonces, ¿cómo le hago para mantener mi mente quieta y no pensar como un humano? Mi cabeza no puede aceptar que soy una abeja y eso me perturba, bzzzz bzzz bzzz bzz bzzzzzzzzzzzzz—dice Víctor Bee.

—Tranquilidad y paciencia. Escucha con cuidado y disfruta tu taza de miel, que es una cosecha especial, ya que fue mi primera producción cuando llegue aquí a la colmena —le dice Will mientras saca una botella—. Cuando vivimos en un mundo caótico como la colmena, y acelerado fuera de ella, puede parecer difícil encontrar momentos de serenidad y paz interior. Sin embargo, es precisamente en estos momentos cuando más necesitamos desconectar y encontrar la tranquilidad en nuestro día a día.

"Puedes tomar unos minutos cada día para meditar, respirar profundamente y enfocarte en el presente. Marcará una gran diferencia en nuestro estado de ánimo y niveles de estrés.

"Otra técnica para encontrar la serenidad es buscar actividades que nos resulten relajantes y gratificantes como hacer ejercicio o ir a las clases de baile para aprender nuevos códigos de aprendizaje. O leer un libro en la biblioteca de la colmena.

"Encontrar la serenidad en nuestro día a día puede llevar tiempo y práctica, pero los resultados valdrán la pena. No permitas que el caos de la colmena o comentarios de otros te arrastren, toma el control y cultiva momentos de tranquilidad en tu vida".

Víctor escucha atentamente a Will Bee, asintiendo de vez en cuando.

—Permíteme darte unos grandes consejos, mi amigo Víctor Bee, esto te ayudará en tu vida como abeja. El primero y más importante consejo es aprender a establecer límites. Es crucial reconocer nuestras prioridades y asignar tiempo específico para cada una de ellas. Esto nos ayudará a evitar la sensación de estar siempre corriendo y permitirá que podamos dedicar tiempo de calidad a todas nuestras actividades.

"Otro consejo es practicar la gestión del tiempo. Esto implica aprender a planificar y organizar nuestras tareas de manera eficiente. Una técnica efectiva es la utilización de listas de tareas o agendas, donde podamos asignar tiempo específico para cada actividad y darle seguimiento a medida que las vamos completando.

"Por último, no subestimemos la importancia de tomarse pequeños descansos durante el día. Estos momentos de pausa nos permitirán recargar energías y mantenernos enfocados en nuestras tareas. Además, en mi experiencia, tengo comprobado que si las abejas no duermen lo suficiente tendrán problemas para poder comunicar valiosa información a sus otras compañeras obreras a través de nuestra danza. Podría pasar que te pierdes otra vez Víctor Bee.

"Mira, esta es la manera para descansar, pon atención".

Se coloca en posición de dormir: patitas dobladas debajo del cuerpo, antenas bajas, posición fija.

—Muchas gracias por la mentoría, Will Bee, ahora ya podré conciliar el sueño para poder descansar.

—Bueno, Víctor Bee, es un nuevo día y ya te diste cuenta que descansar es importante. Mejor empezaré a vivir y disfrutaré de ser de abeja.

—Yo he descansado sólo un poco, he dormido pocas horas —le dice a Will Bee—, con pequeños lapsos en los que despertaba, pero me siento listo y lleno de energía para comenzar un nuevo día.

Con una sonrisa en el rostro y saludando a sus demás compañeras, Víctor Bee sale de la oficina y se pasea por las demás celdas del panal. Hay algunas abejas que aún duermen.

—¡Vaya! Todavía duermen. Las dejaré solas, se merecen respeto —dice Víctor Bee mientras baja la velocidad de su vuelo para hacer menos ruido—. Descansen, abuelos abeja. Han trabajado mucho para la colmena Ahora hay otras abejas jóvenes que descansan poco porque tienen mucha energía.

Mientras avanza ve más y más abejas dormidas.

—¡Parece que a Will Bee le gusta madrugar! —exclama en voz baja.

Está entusiasmado por vivir un día más y dispuesto a completar la misión. Así que se acerca a la entrada de la colmena, listo y entusiasmado por otro día más. Esta vez va recolectar el polen para su hogar.

Consejos Polinizadores

En esta era de constante conectividad y ritmo acelerado, es crucial recordar la importancia de desconectar y recargar nuestras energías.

Encontrar la serenidad en un mundo caótico requiere momentos dedicados exclusivamente al descanso y a cuidar de nosotros mismos. Desconectar no sólo implica apagar nuestros dispositivos electrónicos, sino también dejar a un lado las preocupaciones y responsabilidades diarias. Podemos lograrlo practicando actividades que nos ayuden a relajarnos, como la meditación, el yoga o simplemente disfrutar de un baño relajante.

Un descanso integral tiene que ser físico, mental y espiritual. Hay que alimentar todas las partes de nosotros, esto puede incluir leer un buen libro, escuchar música relajante, o incluso pasar tiempo en la naturaleza. Recuerda que el arte del descanso no sólo se trata de encontrar un rincón tranquilo en nuestro hogar, sino también de dedicarnos tiempo de calidad a nosotros mismos. Así que date permiso para desconectar, recargar y encontrar la serenidad en tu vida. ¡Tu bienestar lo merece!

Incluso es recomendado por personajes ficticios del mundo de las caricaturas, como el Maestro Roshi, de Dragon Ball, cuando le dice muy claramente a Krillin y a Gokú al inicio de su entrenamiento: "Hay que trabajar, hay que aprender, hay que comer, hay que descansar y también hay que jugar".

Capítulo 8
Flores inaccesibles para nosotros

Y así, en un nuevo día, decidido y entusiasmado, Víctor Bee vuela, haciendo revisión mental de las coordenadas que le ha enseñado Will Bee.

—Guauuu, ¿qué es esta sensación en mis antenas, ¿por qué huele así? —dice asombrado.

Lo que pasa es que acaba de descubrir algo nuevo. Gracias a la movilidad de sus antenas, tiene una habilidad especial para oler, esto significa que puede saber la dirección de la que vienen los olores. Se dirige inmediatamente a la flor de aquel olor para polinizar y recoger el néctar.

La flor es hermosa y enorme, tiene un centro color amarillo y alargados pétalos blancos. *Creo que es una margarita, ¡sí!, es una margarita. Estas son las flores favoritas de Mamá Rufina. Es un buena señal, aquí me quedaré.*

Comenzó a moverse por todo el interior de la flor, poco a poco los pequeños gránulos de polen comenzaron a pegarse en todo su cuerpo. ¡Qué sensación tan agradable! Gracias a los miles de pelitos de Víctor Bee, es más fácil recolectar. Ahora tiene sus pequeñas patitas cubiertas de esporas de polen.

—¡Sí! Sabía que podía lograrlo —dice entusiasmado.

Es entonces cuando recuerda que el día anterior había visto que sus hermanas, en cada recorrido, recolectaban el polen de varias flores a la vez. Sigue su trayecto entre todas las margaritas que hay en ese campo.

Parece ser que esta vez sí podré recolectar el polen suficiente, piensa al terminar, *ahora sólo queda asegurarse que esta vez sí logré llevarlo hasta la colmena.*

De regreso a la colmena, ve que llegan otras abejas. Le encanta ver que las abejas exploradoras desempeñan su labor y la amistad que forman en cada viaje que realizan. Ya habiendo recolectado néctar de algunas flores, ve que tienen almacenada su colecta en un pequeño saquito interior. Este saquito se llama buche. Víctor busca en su propio cuerpecito y encuentra en el mismo un buche. *¡Caramba! Nomás no doy una.*

Llegando al panal, ve a sus hermanas regurgitar dentro de las celdas. ¡Eso es ya otro nivel para Víctor Bee! Luego se queda mirando y admirando a las abejas encargadas de masticar para transformar el néctar en una mezcla de miel y agua. Del otro lado están sus hermanitas abejas jóvenes, encargadas de hacer la cera a partir de los hidratos del néctar y del polen. Este equipo de abejas jóvenes secretan una sustancia blanca en estado líquido que se va transformando a sólido al contacto con el aire, así crean la cera, ¡qué hermoso espectáculo tiene ante sí Víctor Bee!

—Qué manera de trabajar el de las abejas. Qué padre que ser parte de este equipo, ver que todas mis hermanas tienen trabajos diferentes pero siempre están al pendiente las unas de las otras —dice sorprendido al ver todo lo que hacen.

Regresa al campo para seguir con su labor. Se pregunta, *si en el campo existen miles de flores, ¿cuáles son las que naturalmente me atraen?* Hay tantas, de tan distintos colores y olores, que no sabe si todas están dispuestas para su recolección. Se decide a recolectar de flores distintas a las comunes.

Ya en el campo, se dirige a una zona distinta, un poco más alejada de sus compañeras. Ahí encuentra plantas de arándano con sus flores. Se ven interesantes, son largas y altas.

—¿Qué flor será esa? —Víctor Bee no lo sabe.

Se acerca lentamente a una de ellas y se arrepiente de no haber investigado más sobre cada flor en la biblioteca de la colmena. Está perdido en la flor cuando se da cuenta de que tiene compañía. Es un insecto que parece una abeja, *¡pero,* *no! No puede ser, esta abeja es demasiado robusta, sus colores son diferentes. Si mi inteligencia no me falla, este es un ¡abejorro!*

Víctor Bee sigue el protocolo que le enseñó Will Bee y no se acerca, no quiere volver a desobedecer. Se sitúa a una distancia precavida y observa. Sabe que las abejas y los abejorros no son enemigos, pero hay algo en la naturaleza que los aleja. De todas maneras, nada le impide observar cómo rompe el abejorro la flor con su mandíbula y así obtiene el néctar. Víctor Bee sabe que, si quiere acercarse a la flor, tiene que esperar a que el abejorro se marche. Si se acerca demasiado puede ser atacado.

Se queda cerca porque siente que esta es una gran oportunidad para llevar mucho néctar a la colmena. Le parece que esta es una flor inalcanzable para las abejas normales y él quiere marcar la diferencia.

Pasan unos minutos y el abejorro sigue rompiendo más y más pétalos. Luego se marcha y Víctor se acerca.

—Bueno, parece que por fin se ha marchado —dice Víctor con alivio—. Ese abejorro ha dejado muy poco qué recolectar, pero no me iré con las patas vacías.

Se pasea por la flor rota y toma el néctar que queda.

—He terminado —dice cansado.

Es momento de regresar, pero cuando se da la media vuelta, sus aletas detectan otro olor dulce. Víctor Vee se muere de ganas de ir a inspeccionar. *¿Qué será ese olor?*

Consejos Polinizadores

La importancia de aspirar a algo más, como lo hacen las empresas grandes, como lo sería un mejor modelo de negocios, al igual que las abejas en su búsqueda de polen y néctar, es fundamental en el mundo empresarial actual. Las abejas son excelentes ejemplos de organización y eficiencia en su labor diaria, y hay mucho que aprender de su enfoque y determinación para lograr sus objetivos. De manera similar, para que una empresa tenga éxito, necesita encontrar y aprovechar oportunidades de negocio rentables, como Víctor Bee hace al observar el ejemplo del abejorro. Esto implica la identificación de mercados potenciales, como buscar flores de arándano. La investigación de competidores y la adaptación de estrategias para garantizar un crecimiento sostenible son acciones esenciales para una nueva empresa.

Al igual que Víctor Bee y Will Bee se comunican entre sí mediante danzas y feromonas para indicar la ubicación y calidad de las fuentes de alimento, las empresas también deben mantener una comunicación efectiva con sus clientes y empleados. Esto implica escuchar y comprender las necesidades y deseos de los clientes, y comunicar de manera clara y coherente las metas y objetivos de la empresa a los empleados.

Cuando las abejas recolectan polen y néctar, lo hacen de manera rápida y eficiente para maximizar su tiempo y esfuerzo. Del mismo modo, las empresas deben esforzarse por ser eficientes en sus operaciones y procesos comerciales. Esto incluye la gestión adecuada de los recursos disponibles, la implementación de tecnología y sistemas eficientes, y la optimización de la productividad de los empleados.

Aspirar a mejores modelos de negocios es fundamental para el éxito empresarial. La organización, la comunicación, la eficiencia y la adaptabilidad son algunas de las lecciones valiosas que se pueden aprender de las abejas.

Al aplicar estos principios, podemos ver que hay oportunidades en el mundo empresarial. Tu empresa pueden mejorar sus operaciones y alcanzar el éxito a corto plazo si vas por esas flores que dicen que son incansables para nosotros. "

"Si puedes soñarlo, puedes lograrlo." (Walt Disney)

Capítulo 9
Encuentro con los humanos

—¿Qué es eso que huele tan rico? —dice Víctor Bee, cautivado por un olor delicioso.

No puede resistirse y sigue el olor que detectan sus antenas. Parece que no es muy lejos, a una distancia corta encuentra una gran manta a cuadros blancos y rojos en el piso. Sobre ella hay una cesta abierta y en el interior de la canasta hay comida. ¡Es un picnic!

Víctor se confunde un poco al ver a dos humanos que le parecen gigantes, una pareja que saca poco a poco la comida de la canasta. Por último sacan un tarro de mermelada. Los ojos de Víctor Bee se iluminan, se le hace agua la boca. Sin pensarlo, se acerca, pero una mano gigantesca lo aleja de un manotazo. Víctor queda atónito y confundido. Una mezcla de horribles emociones le llena el cuerpo.

¿Cómo es posible que él, una abeja común y corriente, se refleje en aquellos seres humanos? Las imágenes de su vida anterior como Víctor, el pescador, el joven trabajador y dedicado, comienzan a fundirse con los recuerdos de su vida actual. Su mente se llena de preguntas sin respuestas, y una sensación de temor se apodera de él.

Víctor Bee se aleja de la cesta de comida y busca refugio en los arbustos cercanos. A medida que se adentra en la vegetación densa, los sonidos del entorno se vuelven más y más aterradores. El zumbido de otros insectos y el crujido de las ramas le hacen sentir que está en un mundo totalmente ajeno y peligroso, ¡no puede creer que estuvo frente a aquellos humanos y se sintió como una criatura tan pequeña!

—Esto no es un sueño en realidad, ¡sí soy una abeja! — se repite Víctor en voz alta una y otra vez.

Se siente completamente perdido en medio de esta extraña realidad. Su mente lucha por aceptar su nueva identidad como una abeja, pero no puede dejar de recordar su anterioridad humana. El miedo ante lo desconocido se apodera de él, envolviéndolo en una burbuja de incertidumbre y angustia.

¿Cómo podría volver a ser humano? ¿Cómo podría escapar de esta pesadilla? La mente de Víctor Bee se llena de pensamientos oscuros y desesperados mientras continúa su lucha por sobrevivir en su nueva forma. El miedo amenaza con paralizarlo a cada aleteo. No sabe cuánto tiempo más podría soportar esto. ¿Cómo le diría a Will Bee de este encuentro, y que extraña ser humano?

El miedo lo tiene paralizado, ¡y pensar que podría morir antes de tiempo porque las abejas viven menos que los humanos! Se sienta en una ramita, toma sus patitas y las aprieta contra su corazón.

—Buaaaa bzzzzz buaaaaaa bzzzz —en son de llanto .

Víctor está seguro de que, después de este encuentro, cada día y en adelante será una batalla contra los elementos, contra el hambre, contra la constante amenaza de los depredadores. En medio de su desesperación, se da cuenta de que quiere sobrevivir, sí quiere, y para eso tendrá que hacer gala de su fuerza interior, la fuerza humana que late dentro de él.

—Tengo alrededor de mí una nueva familia. La lucha por nuestra supervivencia es mi único objetivo. Voy a seguir adelante aunque ahora todo parezca perdido. Como aquella vez que tuve miedo a la tormenta. Ese miedo alimentará mi determinación.

Víctor se ha dado cuenta de que vive una existencia aterradora, *pero es la única que tengo, piensa. ¿Encontraré alguna vez una manera de escapar de esta pesadilla? ¿Me quedaré atrapado para siempre, oscilando entre abeja y humano?* La irrealidad de la situación se adueña de cada fibra de su ser. Se siente sumir en un abismo. *¿Cómo es posible que una abeja piense que es humana? ¿Cuál es la explicación racional detrás de* *ese fenómeno inexplicable?* Estas preguntas sin respuesta sólo aumentan el miedo y la incomodidad que Víctor Bee siente.

En estos días he pensado que mi adaptación física y mental a la vida de las abejas se vuelve más profunda y arraigada. Mi cuerpo, una vez humano, ahora se transforma lentamente en un híbrido extraño. Mis extremidades se vuelven más delgadas y alargadas, cubiertas de vellosidad y alas emergiendo de mi espalda. Mi mente también está siendo invadida por los instintos y el lenguaje de las abejas. Los zumbidos ininteligibles me llenan la cabeza y me nublan los pensamientos racionales bzzzz bzzz bzz bzzzzzz bzzzzz bzzzz, Víctor Bee va perdiendo el hilo de su reflexión humana.

Se cobija con la hoja de la rama mientras llora. Ya no hay escapatoria, Víctor Bee es una abeja, está atrapado en un mundo al que no pertenece. *Soy una anomalía en la naturaleza.* Sus pensamientos son una tormenta de palabras y zumbidos. Mientras tanto sus alas vibran y vibran con una agilidad que desde niño no siente. Entre las hojas del árbol observa a la pareja de humanos abrazarse y se siente infinitamente solo.

Pero entonces recuerda algo escrito al pie de una de las pinturas de una abeja reina: <VALENTÍA>.

—Ahora lo mío será construir colmenas —dice con súbita energía.

Sus zumbidos plañideros se convierten en risas. Piensa: *de todas maneras el destino siempre es incierto.* Víctor Bee se encuentra al borde de la locura. La realidad se le aparece frágil, como un cristal a punto de romperse. Teme por su propia cordura.

La ironía de su situación no le pasa desapercibida. Una abeja con pensamientos humanos y un humano luchando por sobrevivir en un mundo ajeno. ¿Cómo podría reconciliar su antigua vida con esta nueva forma de existir?

Víctor Bee no desespera, hay una chispa de valentía dentro de él que se niega a fundirse. Está decidido a retomar su vida anterior, a pesar de la incertidumbre, de la ironía de su cuerpo de abeja.

Consejos Polinizadores

Es importante desapegarte para poder aceptar los cambios, positivos o negativos (pasar de ser un humano a ser una abeja), porque el cambio es un fenómeno constante en la vida.

A veces nos resistimos al cambio porque tememos a lo desconocido y nos aferramos a lo familiar. Sin embargo, hay mucho que aprender de la naturaleza, como en la historia de Víctor Bee. La naturaleza nos enseña a aceptar el desapego y abrazar las transformaciones positivas.

Al igual que la transformación de un humano en abeja, podemos encontrar la felicidad al adaptarnos a nuevas situaciones. Víctor Bee, como humano, experimenta las luchas por las posesiones materiales, las expectativas sociales y la búsqueda constante del éxito. Pero, como abeja, se libera de estas cargas y encuentra satisfacción en su simple existencia.

Para emular la mentalidad de la abeja, primero debemos entender el concepto de desapego. El desapego no implica apatía o desinterés, más bien es la capacidad de dejar de lado nuestros sujeciones emocionales a los resultados y circunstancias externas. Al aceptar que el cambio es inevitable, nos liberamos del sufrimiento innecesario y nos abrimos a nuevas posibilidades.

Víctor Bee nos enseña a concentrarnos en el momento presente, recolectando diligentemente néctar y cumpliendo su propósito en el ecosistema. De manera similar, debemos esforzarnos por permanecer arraigados en el presente, abrazando cada momento y aprovechando al máximo nuestras experiencias. Al estar plenamente presentes, podemos encontrar alegría y satisfacción en los actos más simples. Además, la transformación de la abeja también simboliza la belleza del cambio positivo. Convertirse en abeja le permite, a quien alguna vez fue humano, llevar una vida alineada con la naturaleza, promoviendo la polinización y la armonía en el ecosistema.

De manera similar, aceptar cambios positivos en nuestras propias vidas nos permite alinearnos con nuestro verdadero propósito y crear un impacto positivo en quienes nos rodean. El cambio puede resultar intimidante, pero también genera crecimiento, aprendizaje y nuevas oportunidades. Así como Víctor Bee experimenta el mundo desde una perspectiva diferente, nosotros podemos aprender a aceptar el cambio y verlo como una oportunidad para la transformación y el crecimiento personal. Dejar de lado nuestro apego al pasado y abrazar el presente y el futuro nos permite experimentar la vida al máximo.

La transformación de un humano en abeja nos enseña lecciones invaluables sobre cómo practicar el desapego y aceptar los cambios positivos. Al adoptar la mentalidad de las abejas de dejarse llevar y abrazar el presente, podemos encontrar la verdadera felicidad y satisfacción en nuestras vidas. Aprendamos de la naturaleza y abracemos el cambio como catalizador del crecimiento personal, como un medio para crear un impacto positivo en el mundo.

"El origen del sufrimiento es el apego, que crea la ilusión del ego." (Buda)

Capítulo 10
Volando alto

Regresa con una actitud pésima que nunca había experimentado en su poco tiempo como abeja. La fragilidad de la realidad se ha convertido su peor enemiga, pero también en su mayor motivación. Aferrándose nuevamente a la esperanza y, dispuesto a luchar hasta el final, Víctor sonríe y se dice a sí mismo:

—Aunque el camino no tenga lógica, estaré dispuesto a enfrentar mi destino con valentía, buscaré la verdad y la posibilidad de volver a ser humano, pero en esta nueva vida aprovecharé todos mis talentos.

Al llegar a la colmena, Víctor Bee comienza por buscar a su amigo y mentor por todas partes:

—¿Dónde está Will Bee? Tengo una extraña sensación —dice, un poco frenético con la búsqueda.

A lo lejos ve cómo Will se acerca a él. No parece el de siempre, se nota cansado y su semblante es bajo.

—Víctor Bee, qué gusto verte amigo. Hoy saldremos juntos a volar —le dice Will Bee.

Víctor Bee se entusiasma mucho, ya que han pasado algunos días desde que han volado juntos. Parece que hoy será un buen día para ellos.

Así, las abejas emprenden el vuelo hacia el campo donde Will Bee lo guio la primera vez que salió de la colmena.

—Mira, Víctor Bee, quiero platicarte algunas cosas importantes, y por eso mismo te he traído aquí, a donde comenzaste tu gran aventura como abeja.

—Cuéntame todo, amigo —le responde Víctor Bee.

Llegan a la pequeña rama de un árbol, un árbol inmensamente alto, pero con muy pocas hojas. YA está comenzando a secarse.

—Sabes que todo en la vida tiene un ciclo: nacer, crecer, reproducirse y morir. Así pasa también con nosotras las abejas, sólo que a nosotras, tras quinientas horas de vuelo… —el tono de Will es sensible.

—Espera, Will Bee, esto no es una despedida, ¿cierto? —pregunta Víctor Bee con tristeza.

—No, amigo, te lo cuento para enseñarte acerca de la administración de nuestras horas de vuelo coma abejas. Es bueno trabajar, pero también debemos descansar y tener un balance para tener una vida saludable —dice Will.

Estas palabras tienen un impacto en Víctor Bee, ya que lo que acaba de escuchar es un gran consejo que le servirá mucho, tanto para su vida de abeja como para su vida de humano. Mientras Will Bee habla, Víctor Bee no puede dejar de pensar en sus abuelos. *Sé que todos los propósitos y metas que tengo para mi vida los voy a lograr. No defraudaré a aquellos que han creído en mí,* piensa mientras escucha a Will Bee.

Will Bee intenta hacerle ver a Víctor Bee que él tiene un propósito; que él, al igual que Will Bee, ha nacido también para ser un líder: cuidar, guiar y enseñar a futuras generaciones. Víctor Bee entiende que sí quiere ser una abeja polinizadora.

Mientras hablan de todas las aventuras y cosas graciosas que han vivido juntos, vuelan hacia lo más alto de ese árbol de cerezo donde está la colmena. Ese árbol es especial, desde ahí se puede contemplar la inmensidad del campo donde comenzó la gran aventura de Víctor Bee como abeja. Sin darse cuenta, llegan más alto de lo que querían, por encima de la copa del árbol, después por encima de la montaña. Enfrentado por la altura, Víctor Bee empieza a sentir miedo de humano junto con fortaleza de abeja, así que no se deja intimidar por el escenario.

Will le pide que bajen la velocidad, ya que siente el cansancio, pero no quiere detenerse. Víctor Bee, por otro lado, joven y musculosa, voltea a ver a su amigo y se da cuenta que ya no es esa abeja fuerte y con ánimos de polinizar. Hasta su voz es distinta.

Will Bee mira a Víctor Bee y le dice:

—Has tenido muchos días para reexaminar tus ambiciones, ¿deseas un ser una Abeja Líder?

—¡Si! —replica Víctor Bee.

Con sus ancianas antenas, Will asiente y le dice:

—Que así sea.

—Yo quería pasar mucho más tiempo contigo, pero, como lo ves, hay otros planes para mí. Aunque me considero la abeja más talentosa, no puedo apartar a la muerte y evitar que venga sobre mí —un exceso de tos lo interrumpe—. Bzzz coff, bzzz coff, bzzz coff.

Víctor Bee se queda ahí, suspendido en el aire sin hacer ni decir nada. Observa mientras la anciana abeja trata de recobrar el aliento. La tos cede finalmente y Will Bee sonríe débilmente, pero con gran felicidad, y dice:

—Víctor Bee, has sido un gran aprendiz, soy tan feliz de haberte enseñado lo que más pude. Hoy, para mí, es un día de cerrar ciclos y quiero enseñarte algo que me enseñó mi mentor Noel Bee. Lo primero que te voy a enseñar es ir los más arriba, vamos —dice—. Hace muchas semanas, cuando era una abeja fuerte, también desobedecí a mi mentor Noel Bee y fui más allá del valle para probar mis alas y, así como tú, me perdí.

—¿Pero cómo? ¿Cómo sabes que desobedecí? —dice Víctor Bee.

Will Bee ríe.

—¡Pues claro! Y no te detuve porque sé que explorar está en tu naturaleza —hace una pausa—. Como te decía, hace muchas semanas, cuando era una abeja joven y fuerte como tú, me di también a la tarea de explorar nuevos lugares y me perdí. Cuando buscaba el camino a casa a lo lejos vi unos ojos brillantes y pequeños. Cuando observé bien, me di cuenta de que era una oruga rosa que caminaba sobre un hoja. Pensé, "Ay, qué bonita oruga. Tan pequeña e indefensa, me recuerda a mi antes de que me salieran alas". La admiré desde lejos. Cuando estaba a punto de irme, vi un camaleón disfrazado de hoja verde, la cazaba. Ella reía y bailaba con gran ritmo, sin darse cuenta que el camaleón estaba apuntando con su lengua pegajosa hacia ella. Cuando lanzó su lengua, llegué desde las alturas para tomarla de su barriga y volamos alto, tal cual lo estamos haciendo ahora.

"Le pregunté su nombre y me dijo que se llamaba María Oruga. 'Qué lindo nombre', dije, y la llevé lejos del peligro.

María Oruga me preguntó que cómo podría tener alas como yo y yo le dije que todo es posible, si eres una oruga puedes transformarse en lo que quieras. '¿Y puedo tener alas de colores?', preguntó sorprendida. Hizo una pausa y volvió a preguntar, '¿Y pueden ser de muchos colores? ¿Y puedo ayudar a los demás insectos como tú lo hiciste conmigo?' 'Claro que sí', le dije. '¿Y cómo lo hago?', me preguntó. 'Bueno, sólo ve a donde tu corazón te guíe', dije.

"La dejé en la copa de este árbol de cerezo para tenerla cerca. Fui observando cómo hizo su propio capullo de cera y después de semanas de ir y venir, preocupado, hablándole: 'Marí Oruga, ¿estás bien?', ella no me contestaba y yo no entendía qué pasaba. 'Le he fallado', pensé. Pero al día siguiente, cuando regresé, encontré un tiradero y el capullo vacío. Grite y grité por mi amiga: 'María Orugaaaaa', 'María Orugaaaaaaaa'. María no apareció y yo me senté a llorar.

"Lloré y lloré hasta que sentí sobre mí una sombra. Eran una mariposa gigante, ¡la más grande que nunca vi!, era diez veces más grande que yo, con alas de muchos colores y puntos que se asemejan a piedras preciosas. Y me dice: 'Bú'. 'No me molestes, ¿qué no ves que estoy llorando por una pérdida?' '¡Cómo crees! ¿A quién perdiste?, me responde ella. 'A una oruga que estaba dentro de este capullo'. 'Ey, pero si yo soy esa oruga, María'. La voltee a ver, ahora sí observando detenidamente, ¡y era ella! Volé a toda velocidad y le di tremendo abrazo. Ahora era María Mariposa; María Oruga se convirtió en lo que ella quería.

"Después me enteré de que ella fue una gran reina de las mariposas y murió".

—¿Morir? No creo. Ella también es mi amiga, la conocí y hablé con ella. Desde entonces no la he visto, pero a veces siento sobre mí su sombra.

—Víctor Bee, ¡ella es tu ángel de la guarda! Qué hermosa coincidencia, y más porque te quise poner a ella como ejemplo: puedes convertirte en lo que quieras, el futuro es tuyo.

Ya estando en los más alto, pueden ver la curva del planeta tierra ante sí.

—¡Pero qué hermoso! —dice Will Bee—. Mira, Víctor Bee, nosotras las abejas no podemos polinizar todo el mundo, pero está en nuestra naturaleza intentarlo. Todo lo que vez ahí abajo te pertenece como derecho divino. Ve y búscalo y se una buena abeja que ayuda a las demás.

Will Bee saca de su buche un pequeño pergamino y se lo da con sus patitas arrugadas a Víctor.

—Antes de que se acabe tu ciclo lo tendrás que leer esto, solo, y solo antes de que termine tu ciclo podrás romper el sello, el cual está hecho de una cera especial. Mi primera cera; la guardé especialmente para esta situación.

—Gracias, Will. ¿Pero entonces esto sí es una despedida?

Will Bee guardó silencio.

Todavía contemplando el paisaje, Víctor Bee le cuenta a su mentor sus planes de abeja:

—Voy a poner algo que se llama centro comercial, es algo que puede cambiar la historia de las abejas. También tengo muchas ideas que me vienen de otra vida que siento que viví. Voy a construir una economía alrededor de eso y… —sigue y sigue contando ideas cada vez más innovadoras hasta que voltea a preguntarle a Will qué le parece su plan.

Will Bee se desploma y cae hacia el árbol de cerezo. Víctor Bee se lanza a toda velocidad para salvarlo y, antes de que su cuerpo llegue al árbol, consigue atraparlo. Lo abraza muy fuerte y le dice:

—Qué bueno que te rescaté, Will Bee, amigo.

Will mira a Víctor Bee, le sonríe, y cierro sus ojos. Ha muerto.

—Amigo, amigo. Maestro —llora Víctor Bee.

Esta muy agradecido porque se da cuenta que Will Bee ha usado sus últimas horas de vuelo para llevarlo a ver el mundo desde arriba y explicarle el ciclo de vida de las abejas. *Como Will, yo siempre volaré alto*, piensa. Y se despide de su amigo así:

—Will Bee, ya sé qué soy, soy una abeja libertadora. Prometo que, donde sea que estés, no te defraudaré, seré la mejor abeja libertadora del mundo.

Ser una abeja recolectora y cumpliré con las tareas más peligrosas dentro de la colmena. Usualmente las abejas adultas viven sólo treinta días más desde el día en que comienzan a recolectar, lo que suma cincuentaiún días de vida. Aunque esto varía de acuerdo al estilo de vida de cada abeja.

Esto no le preocupa a Víctor Bee, lo que le preocupa más que nada es cumplir su propósito, pues, ahora que su mentor ya no está con él, es su deber continuar con su legado. No va a desilusionar a Will Bee ni a sus abuelos.

—Sé que estoy aquí con una nueva misión, ahora pondré mucha más atención a cada uno de los detalles y formas de trabajar de mis hermanas abejas.

Termina su discurso, va hacia el cuerpecito de Will Bee y vuela sobre el campo nuevamente mientras piensa en ideas para ser la mejor mentora de las nuevas abejas.

—Ahora seré yo quien los guíe y les enseñe a hacer el trabajo —dice entre nerviosa y asombrado de sí misma.

Víctor Bee nunca había pensado que se convertiría tan rápido en un líder, pero desde siempre había intuido que es era su propósito.

Consejos Polinizadores

Un buen mentor desempeña un papel clave en el proceso de crecimiento y desarrollo de las generaciones futuras. La narración de Will Bee resalta la importancia de tener a alguien que pueda guiar y transmitir conocimientos valiosos a su sucesor.

Un mentor efectivo no sólo enseña habilidades técnicas, sino que también fomenta la confianza, la ética laboral y la pasión por el trabajo realizado. El mensaje de Will Bee sobre la importancia del equilibrio en la vida y el logro de metas demuestra cómo un mentor no sólo se enfoca en el desarrollo profesional, sino también en el bienestar general de su sucesor.

Ser un buen mentor implica estar dispuesto a compartir conocimientos y experiencias, ser un modelo a seguir y brindar apoyo en momentos de dificultad. Al hacerlo, se crea una cadena de liderazgo sólida que garantiza el crecimiento y el éxito continuo de la próxima generación.

La habilidad de transmitir conocimientos y experiencias es una cualidad esencial que todo buen mentor debe tener. Es mediante este acto de compartir lo que se ha aprendido a lo largo de los años que se asegura que la próxima generación pueda construir sobre una base sólida y evitar cometer los mismos errores que se cometieron en el pasado. Cuando un mentor comparte su experiencia y conocimientos está empoderando a su sucesor para tomar decisiones informadas y enfrentar los desafíos con confianza. Esto beneficia tanto al individuo como a una organización en general, ya que, al tener empleados bien preparados y capacitados, se promueve una cultura de excelencia y se impulsa el crecimiento y el éxito empresarial.

Además, al transmitir conocimientos y experiencia, el mentor también está dejando un legado duradero. Es a través de estos actos de generosidad que se garantiza que la sabiduría y los logros del mentor continúen viviendo en las generaciones futuras. Este acto de generosidad y empatía asegura que los futuros líderes tengan las herramientas necesarias para alcanzar el éxito y continuar el ciclo de mentoría con otros.

Las abejas son consideradas como uno de los animales más trabajadores y organizados de la naturaleza. Su laboriosa vida en la colmena y la eficiencia con la que desempeña sus tareas son un ejemplo inspirador para cualquier sucesor en cualquier ámbito de la vida. Imaginemos por un momento que una abeja veterana se dirige a su sucesora y le transmite un mensaje importante. Quizás le diría que la clave para alcanzar el éxito es la dedicación y la constancia en su trabajo. Le enseñaría la importancia de trabajar en equipo y de usar sus habilidades únicas para el beneficio de la colmena en su conjunto. La abeja veterana también podría aconsejar a su sucesora sobre cómo adaptarse a los cambios y superar los desafíos que puedan surgir; le recordaría que siempre hay algo nuevo por aprender y que nunca debe dejar de buscar el crecimiento y la mejora continua.

En definitiva, el mensaje de esta abeja a su sucesora es una representación simbólica de la importancia de ser un buen mentor. A través de su trayectoria de trabajo y esfuerzo, la abeja veterana ha adquirido sabiduría y experiencia y ahora busca transmitir esos conocimientos valiosos a su sucesora, con la esperanza de guiarla hacia el éxito y el crecimiento.

El liderazgo y mentorías entran como polen, se tenemos la capacidad de actuar como mentores de alguien, hay que hacerlo con gusto. Esto es un escalón más en la Polinización de Empresas.

"Debemos encontrar tiempo para detenernos y dar las gracias a las personas que marcan la diferencia en nuestras vidas". (John F. Kennedy)

Capítulo 11
Lugares nuevos

Como nueva abeja líder, Víctor Bee está emocionado por aventurarse en un nuevo mundo lleno de dulce néctar. Él sabe que para asegurar el bienestar de la colmena y su reina, es necesario encontrar fuentes de alimento que proporcionen suficiente néctar para todos. Con gran entusiasmo, Víctor Bee lidera a su enjambre mientras exploran jardines, campos y bosques cercanos en busca de las flores más exquisitas y ricas en néctar. Cada descubrimiento se convierte en una pequeña victoria, ya que alimenta la esperanza de un futuro próspero para la colmena. Con cada nuevo hallazgo, Víctor Bee se siente orgulloso de su liderazgo y del trabajo en equipo de las abejas. Juntos, vuelan alto y exploran este nuevo mundo lleno de dulces recompensas.

El viaje de Víctor Bee no ha sido fácil, pero su perseverancia y determinación le han permitido superar todos los obstáculos que se le han presentado. Ha volado a través de tormentas y ha visto morir a su mentor Will Bee, demostrando una valentía y resistencia impresionantes.

Además, ha sido un ejemplo magnífico de liderazgo para el enjambre, inspirando a cada una de las abejas a seguir adelante y dedicarse únicamente a una vida totalmente de abeja, dejando atrás sus recuerdos de humano. Poco a poco acepta su nuevo rol.

—Víctor Bee, ¿qué debo hacer? —le pregunta Pedro Abeja.

—Lo importante es hacer algo —replica el líder—. Y no hacer nada también es una acción.

—Bzzzzzz bzzz, sabio —dice Pedro Abeja con un tono relajado.

Siguen trabajando y descubren unos campos de flores exquisitas que huelen a néctar. Con cada nuevo descubrimiento, las abejas se sienten aún más motivadas y llenas de energía para seguir adelante gracias al liderazgo de Víctor Bee.

Una de las lecciones más importantes que le enseñó Will Bee, piensa Víctor, es la importancia de mantener una actitud positiva frente a los desafíos.

—Estoy preparado para las tormentas mortales o los enjambres de avispas peligrosas , y sé que pronto vendrán, ya que nuestra colmena se ha vuelto próspera. Con mis soluciones creativas voy a construir la mejor colmena del mundo. Y esta se conectará con otras para ayudarlas a ser más eficientes y mejorar su calidad de vida —anima Víctor Bee a su equipo mientras vuelan.

Aunque es una abeja líder, él ha aprendido a confiar en los demás y a valorar las fortalezas de cada individuo en su equipo. Mueve sus patitas en señal de aplauso para reconocer el trabajo individual, lo que las abejas celebraban con un baile de la macarena. Esto se ha convertido en un ritual en memoria de Will Bee.

—Víctor Bee, Víctor Bee... bzzzz bzz bzz —es Norbit Bee, la más pequeña abeja de toda la colmena y es por ello que nadie cree en ella. Pero Víctor Bee le ha dado la oportunidad de salir—. ¿Es verdad que existió un líder llamado Will Bee?

Víctor asiente.

—¿Y qué te enseñó?

—La emoción, ¡la emoción!, y la alegría de celebrar cada victoria como si fuera la última. Y a no perder el sentido de admiración por los logros aunque sean pequeños.

Se miran entre sí, llenos de orgullo porque Norbit Bee acaba de polinizar su primera flor. Celebran el éxito con una danza frenética y alegre al son del baile de la macarena. Víctor Bee se da cuenta de que este logro no sólo es suyo, sino de todos los miembros de su equipo. Víctor comprende entonces que el verdadero regalo de trabajar en equipo no es sólo el néctar dulce que habían encontrado, sino la conexión y el vínculo que habían formado entre ellos. Toda la colmena está emocionada por todas las nuevas aventuras y desafíos que les esperan bajo el liderazgo de Víctor Bee. Se dan un abrazo grupal lleno de entusiasmo.

Víctor Bee se sube a la flor más alta y le dice a su equipo:

—No hay límites para lo que podemos lograr. Celebremos el éxito y apreciemos a aquellos que nos rodean, eso es tan importante como el logro en sí. Así que sigamos adelante, listos para enfrentar cualquier desafío y crear un mundo lleno de dulce néctar y sueños cumplidos. ¡Sigamos volando alto y construyendo un futuro brillante juntos!

El pequeño líder dice esto sin saber que algo malo se gesta en la colmena. De repente, tiene un mal presentimiento. *Algo está pasando en la colmena, puedo sentirlo*, piensa, pero no le dice nada a su equipo.

Consejos Polinizadores

Las abejas son criaturas increíbles que tienen la habilidad de encontrar campos de flores en busca de polen. Esta acción es vital para su supervivencia y también es un ejemplo de cómo debemos buscar nuevas oportunidades de negocio en nuestra vida. Al igual que las abejas, debemos ser curiosos y aventureros en nuestro enfoque para encontrar nuevas oportunidades de negocio. Las abejas no se limitan a una sola fuente de alimento, sino que son capaces de explorar y descubrir nuevos campos de flores. De manera similar, las personas deben estar dispuestas a explorar y descubrir nuevas oportunidades comerciales más allá de lo que ya conocen. Esto implica salir de nuestra zona de confort y abrir nuestra mente a nuevas posibilidades.

Al buscar nuevas oportunidades de negocio, es importante estar dispuesto a tomar riesgos calculados. Al igual que las abejas, que se aventuran en territorios desconocidos en busca de polen, debemos estar dispuestos a enfrentar lo desconocido y tomar riesgos en busca de nuevas oportunidades comerciales. Estos riesgos pueden incluir inversión de tiempo, dinero y esfuerzo, pero con una actitud positiva y una buena planificación, el riesgo puede ser recompensado con éxito.

Otra lección que podemos aprender de las abejas es la importancia de la colaboración. Las abejas trabajan en equipo para buscar fuentes de alimento y polinizar flores. De manera similar, en el mundo de los negocios, la colaboración y el trabajo en equipo son aspectos clave para el éxito. Al buscar nuevas oportunidades de negocio, es importante establecer conexiones con otras personas y colaborar con ellas. Esto puede incluir asociarse con otros emprendedores, buscar mentores o participar en redes profesionales. Buscar nuevas oportunidades de negocio es una parte crucial en el desarrollo personal y profesional.

Al igual que las abejas, debemos adoptar una actitud curiosa y aventurera, estar dispuestos a tomar riesgos calculados y colaborar con otros. Al hacerlo, estaremos preparados para encontrar nuevas oportunidades y alcanzar el éxito en el mundo empresarial.

Si perteneces a una red de negocios (llámese BNI, COPAMEX, VNG, etc.), invítalos para ayudarles a expandir su negocio, esto es parte de la Polinización de Empresas.

"Vive, viaja, corre aventuras, bendice y no lo lamentes". (Jack Kerouac)

Capítulo 12
Una nueva reina

Todas regresan con gran alegría a la colmena, cantando en son de zumbidos, llenas de polen y grandes cantidades de néctar para crear miel. Víctor Bee y su equipo llegan festejando con aplausos y porras. Grandes banderas las reciben en el umbral de la colmena y ahí está la Abeja Reina con un vestido espectacular, asintiendo con la cabeza y haciendo una señal de acércate. Víctor Bee se acerca a ella.

—Will Bee estaría muy orgulloso de ti. ¿Todavía sientes a Dios dentro de ti, Víctor Bee? —le pregunta la Reina.

—Sí, y sé que vamos hacer de esta un colmena muy innovadora entre todas las del mundo, y vamos ayudar a otras —le responde con entusiasmo.

La Reina lo observa con una sonrisa cansada.

—Víctor Bee, eres un criatura llena de amor, espero que sigas con ese mismo entusiasmo. No dejes que nadie te apague esa chispa que va a encender muchos corazones— la Reina hizo una pausa y prosiguió—. Pero la naturaleza no se equivoca y parece que habrá unos cambios. Quizás van a pasar cosas que no te gustarán.

La atmósfera cambia. A pesar de que antes todos celebraban, las palabras de la Reina han cambiado todos los rostros, incluyendo el de Víctor Bee, del cual huye la luz y la vida que antes tenía. *Quizá me dirá que estoy muriendo, como Will Bee,* piensa Víctor. *¿Qué puede ser tan aterrador como para que la Reina me diga esto?*

—Ven, acompáñame —le indica la Reina—. Hoy ha llegado por fin el día en que las larvas han logrado convertirse en abejas y podrán salir de sus celdas. Es momento de ver el nacimiento de la primera de ellas.

Víctor Bee escucha como empieza a romperse una se las celdas. Está naciendo la primera abeja y salen primero sus antenas. Luego, ella solita saca el cuerpo con todas las fuerzas que tiene. ¡Es un espectáculo magnífico!

—Voy a ayudarla —dice Víctor, pero la Reina lo detiene antes de que pueda hacer algo.

—¡No! Deja que ella salga sola. Así debe de ser, si alguien más las ayuda esto puede dañarlas en su proceso para sobrevivir.

—Mira, ya ha sacado casi todo el cuerpo de la celda —dice Víctor Bee emocionado—. ¡Es hermosísima!

La nueva abeja extiende sus alas después de unos segundos. Entonces la Reina le ofrece un poco de jalea real a Víctor Bee.

—Ten, Víctor Bee, ¿me haces el honor? Es momento de ofrecerle su primer alimento. Así obtendrá el color amarillo que nos identifica.

Víctor Bee alimenta a la abeja y de cerca nota una celda que tiene una forma distinta a las demás, pues, para empezar, es mucho más grande.

—Esta celda es diferente, ¿a qué dará vida? —le pregunta a la Reina, pero la reina se queda observando.

—¡Ya va saliendo! ¡Ya va saliendo! Vaya, parece que de esa celda está saliendo una abeja del tamaño de una mariposa, ¡es muy grande! —dice Víctor Bee sorprendido.

Tiene un rostro tierno y ojos rasgados, hermosos. Es también muy larga y delgada. Víctor Bee ve cómo esta hermosa abeja se dirige hacia la Reina, y de repente comienza una batalla.

—Tranquila —le dice la reina con voz tierna, pero, igual, la Nueva Abeja responde con violencia:

—Vengo a reclamar mi reino. Debo matarte, Abeja Reina.

—¿Qué es lo que dices, irrespetuosa? —dice Víctor Bee, enojado.

—Tranquilo, Víctor Bee, yo estuve también de ese lado. Como te dije, esto es la naturaleza y no se equivoca, ya que sólo puede existir una gobernante en la colmena. Esta joven abeja también se encuentra en peligro de muerte, porque cada quien defenderá su derecho al reino —le dice la Abeja Reina.

Las dos reinas de la colmena se enfrentan en una batalla épica por el trono, una lucha sangrienta que sólo puede describirse como aterradora. Sus enormes cuerpos se estremecen de furia mientras despliegan sus poderes y estrategias para derrotar a su respectiva oponente, destruyendo todo el lugar a su paso. Los gritos agudos y los zumbidos ensordecedores llenan el aire, creando una atmósfera de terror y caos.

Víctor Bee no sabe qué hacer más que tranquilizar a las abejas obreras, quienes están atemorizadas y confundidas, y huyen en todas direcciones mientras ven cómo su hogar se convierte en un campo de batalla. No hay lugar para la piedad en esta guerra salvaje, sólo reinas desesperadas, sedientas de poder y dispuestas a hacer cualquier cosa para reclamar su trono. Una reina lo reclama por el trabajo de toda su vida y la otra por ser su derecho natural. Las dos reinas de la colmena emergen del caos con una determinación feroz en sus ojos. Su áspero rugido resuena en medio del campo de batalla mientras se preparan para desatar sus estrategias sangrientas, la Reina Vieja con toda su experiencia y la Reina Nueva con un salvajismo natural.

A medida que sus afiladas garras se extienden, se puede sentir la tensión en el aire. Unas abejas, a modo de complot, hacen una barricada para proteger a la Reina Nueva. Víctor se sorprende ante esto, ya que en esa barricada están varios de sus discípulos y amigos. Las reinas no titubean, cada una tiene un objetivo en mente: ganar la batalla y reclamar el trono.

Sus alas zumban en sincronía mientras despliegan una danza macabra de muerte. Con cada golpe mortal, el miedo hace eco en los corazones de las abejas obreras, quienes son testigos aterrorizados de la voracidad y crueldad de sus líderes.

—¡Paren! —dice Víctor Bee—. Somos una familia — pero llega Roberto Abeja detrás de él y empieza a gritar:

—Guerra , guerra. ¡Viva la Nueva Reina!

—¿Pero qué está pasando? —grita Víctor, desesperado y confundido.

Los peligros de tomar partido en esta aterradora batalla de reinas de la colmena son esenciales para comprender la verdadera dimensión del terror que se vive. A primera vista puede parecer tentador alinearse con una de las reinas en busca de protección y seguridad, sin embargo, confundido Víctor Bee por este caso, piensa, *esto puede resultar una trampa mortal porque no sabes a quién elegir. Es hora de mostrar lealtad a Nuestra Reina que corre el riesgo de convertirse en blanco de las feroces y sangrientas embestidas de la Reina Nueva.*

La crueldad y la despiadada violencia con la que se enfrentan entre sí no deja margen de error. Una simple muestra de devoción a la reina equivocada podría sellar el destino de cualquier abeja obrera y llevarla a una muerte atroz. Entonces Víctor Bee se decide a tomar partido.

—¡Luchemos! —grita.

Pero la lealtad a la Reina Vieja no garantiza la victoria ni la supervivencia. Las alianzas cambian como el viento y aquellos que se han comprometido con una reina pueden encontrarse traicionados y abandonados a su suerte en cualquier momento. En este escenario de miedo y traición, es difícil confiar en alguien, incluso en tu propia reina, por la mirada de odio y rostros ensangrentados que ambas tienen. La colmena se sumerge cada vez más en la angustia y el terror a medida que las reinas continúan su batalla despiadada. Las abejas, unas lideradas por Víctor Bee y otras por Roberto Abeja, quedan atrapadas en medio de esta lucha de poder, con temor constante y sin ninguna garantía de supervivencia. El futuro de la colmena pende de un hilo y el miedo se ha convertido en el sentimiento que domina sus vidas.

Las valientes abejas élite de Víctor Bee se encuentran directamente inmersas en el horror de la guerra de reinas. Son ellas quienes deben enfrentar de cerca la violencia brutal y despiadada que estas reinas imponen en su lucha por el control. Estos soldados, abejas obreras de élite, son entrenados desde una edad temprana para proteger a su reina y defenderla hasta la muerte, pero, incluso para ellos, la guerra es una experiencia aterradora.

El ruido ensordecedor de las batallas, el olor de la sangre y el temor constante de ser arrastrados en medio del frenesí de la lucha les persigue en cada momento, Víctor Bee ve cómo su equipo está siendo vencido, la batalla está perdida, cada vez más abejas se van al bando de la Nueva Reina.

—¡Estamos ganando! —grita Roberto Abeja, alentando la violencia sin piedad.

Víctor Bee observa a muchas abejas morir mutiladas.

—Apenas unas horas antes estábamos bailando la Macarena, y ahora nos estamos matando entre nosotras —dice con lágrimas en los ojos.

El instinto de lucha se activa mientras se ven envueltos en una danza caótica de golpes y mordiscos, con el aguijón mortal listo para ser utilizado. Solo la más fuerte y la más hábil puede salir victoriosa, y muchos soldados pagan el precio mientras la guerra consume sus vidas. La batalla por el trono de la colmena es, sin duda alguna, una pesadilla viviente para los valientes soldados élite de Víctor Bee . La violencia implacable y despiadada impuesta por estas reinas en su búsqueda por el control es verdaderamente aterradora.

La Reina Vieja está a punto de perder, pero lanza las llamativas señales químicas para sus aliadas, y la liberación de feromonas venenosas que paralizaron a sus oponentes.

—Abejas, el trono de la colmena es un trono de terror, nuestra batalla fue una lucha por la supervivencia y nosotras las reinas somos maestras en el arte de la crueldad y por ello me disculpo por mi ambición, pero yo deseaba tanto morir de vieja y no asesinada por una abeja joven... Como yo también reclamé este trono, pues ahora lo estoy pagando —dice la Abeja Vieja a los soldados de élite de Víctor Bee.

Ellos, valientes y entrenados para proteger a su reina, se encuentran inmersos en un estado constante de miedo y desesperación mientras la guerra consume sus vidas, pero los pocos que quedan están ahí para recibir la última orden dentro de la colmena. La Abeja Reina voltea a ver a todos sus hijos, incluido Víctor Bee, y sale volando de la colmena, invitándolos a que la sigan.

¿A dónde van ? ¿Qué nueva aventura tendrán? ¿Cuántos la seguirán? ¿Serán fieles a la Reina?

Consejos Polinizadores

En el mundo de los negocios, es fundamental entender la importancia de aceptar los cambios de liderazgo para lograr el éxito. Al observar el ejemplo de las abejas reinas en una colmena, podemos aprender valiosas lecciones sobre cómo adaptarnos a nuevas circunstancias o al liderazgo.

En una colmena de abejas, la abeja reina es la encargada de liderar a la colonia y asegurar su supervivencia. Sin embargo, cuando la abeja reina se debilita o muere, las abejas obreras rápidamente eligen a una nueva reina para tomar su lugar. Esta transición de liderazgo es crucial para el bienestar de la colmena, ya que garantiza que la colonia continúe funcionando de manera eficiente y efectiva.

De manera similar, en el mundo de los negocios, es fundamental aceptar los cambios de liderazgo para adaptarse a nuevas circunstancias y mantener la prosperidad de la empresa. Cuando un líder se retira o es reemplazado, es importante que la organización esté preparada para asumir un nuevo enfoque y seguir adelante con éxito.

Además, al igual que las abejas reinas transmiten información vital a la colonia, los líderes empresariales también juegan un papel crucial en la comunicación y la dirección de su equipo. Es fundamental que los nuevos líderes sean capaces de comunicarse eficazmente con sus empleados y guiarlos hacia el éxito.

Al aceptar los cambios de liderazgo en los negocios y tomar ejemplo de las abejas reinas para el éxito, las empresas pueden adaptarse de manera efectiva a las nuevas circunstancias y garantizar su prosperidad a largo plazo. Al igual que las abejas reinas lideran a su colmena hacia el éxito, los líderes empresariales deben estar preparados para asumir nuevos desafíos y guiar a sus equipos hacia el logro de sus metas.

"Un líder es aquel que conoce el camino, hace el camino y muestra el camino." (John C. Maxwell)

Capítulo 13
Lealtad

La Reina Vieja les lleva la ventaja a sus discípulos a pesar de su edad. Víctor Bee la sigue, pero antes de alejarse mucho voltea a ver su reino sin centrarse mucho en contabilizar a las abejas que los han seguido. La palabra "atrás" ya no cabe en su filosofía de vida; se dice que "para atrás ni para agarrar aviada". *Debo ser agradecido y fiel a mi Reina, no voy a dejar que le hagan daño una vez más,* se dice en mente con una cara de seriedad. *La Abeja Reina siempre ha sido una líder fuerte y carismática en la colmena.* Su viaje es el viaje de todas las abejas que le son leales. Mientras vuela, Víctor Bee recuerda los momentos y las lecciones que vivió con ella y con Will Bee.

Mi Reina sólo busca una nueva colmena para darnos lo mejor de ella y esto no sólo es una prueba para nosotras sino para su propia determinación, también una oportunidad para probar la lealtad y unidad de sus hermanas abejas. En nuestro mundo de las abejas, la lealtad y la unidad son fundamentales para el éxito de una colmena. Ahora mi papel es vital, más que nunca tengo que desempeñar mi liderazgo, pero me siento débil, esto tendría que hacerse en equipo ,¿cómo vamos a recolectar néctar? ¡Cómo vamos a defender la colmena y criar a las nuevas generaciones?, se pregunta Víctor Bee, pues dentro de su corazón siente que la verdadera magia ocurre cuando todas las abejas se unen en armonía, trabajando juntas en perfecta sincronía, sean muchas o pocas. Le llega un recuerdo sobre algo que su Papá Victoriano le ha dicho sobre la Biblia.

Recuerda que cuando vivía en el rancho con Mamá Rufina y Papá Victoriano, Papá Victoriano pedía a Dios todas las noches por toda la gente del pueblo, sus familias, su cosecha, sus animales. A Víctor le molestaba, pues no lo dejaba dormir. Hasta que un día, ya muy molesto, le preguntó:

—¿Para qué tienes que pedir tantas cosas si no hay nadie escuchándote?

Su abuelo lo miró con una cara llena de sabiduría.

—Mira, mijo, "donde están dos o tres congregados en mi nombre, allí estoy yo en medio de ellos"[2].

En este nuevo viaje con la Abeja Reina, vamos a ver cómo las abejas se enfrentan a nuevos desafíos y deben tomar decisiones difíciles. Víctor Bee sabe que, a pesar de los obstáculos, su

---

[2] Mateo, 18:20

lealtad hacia la nueva colmena es lo que le da un propósito de vida. Ahora él tiene que edificar algo de la nada.

Acelera el vuelo y hace una reverencia con sus patitas al acercarse a la Reina.

—Víctor Bee, agradezco que tengas esta lealtad hacia mí, pero en este momento somos igual de vulnerables. Tengo lo mismo que tú, o sea, nada más que un grupo de abejas fieles con la convicción de lograr algo de la nada. Escucha esto, Víctor Bee, cuando nos apoyamos mutuamente y trabajamos juntos hacia un objetivo común, podemos superar cualquier obstáculo —dice la Abeja Reina.

Entonces la Abeja Reina vira su vuelo bruscamente, en busca de una nueva colmena. Está llena de entusiasmo y de determinación.

—Aquí vamos —dice Víctor Bee, decidido, y la sigue.

Sin embargo, pronto se da cuenta de que encontrar el lugar perfecto no será tarea fácil. Por todos lados hay depredadores al acecho y escasez recursos. Pero la Reina no se deja desanimar, su espíritu optimista y su confianza en su instinto la mantienen motivada a pesar de las dificultades. De todas maneras, sus discípulas empiezan a cansarse de volar. Aunque muchas rutas parece prometedoras, muchas resultan ser un callejón sin salida. Otras parecen ofrecer paz y abundantes flores, pero están llenas de depredadores. A través de cada desafío, la lealtad de las abejas se hace más evidente.

Víctor Bee, al sentir que las abejas empiezan a desesperarse, se acerca a la Reina:

—Reina Mía, las abejas se están desesperando, las raciones de comida ya no bastan, se me acabaron las palabras de motivación, ¿qué hago? ¿Qué sucede cuando se pone a prueba la lealtad de tus abejas?

La Reina le responde que ella también se encuentra en una situación inesperada.

—Sé que muchas abejas se resisten y dudan sobre el cambio, cuestionando si esta nueva colmena será realmente mejor que la anterior. Tengo que hacer lo que sea necesario para fortalecer su confianza. Sé que mi carisma y liderazgo no es lo que muchos esperaban de mí, pero en los tiempos difíciles veremos quién es leal y quién no lo es.

"Vamos a hacer unas actividades que fomentan la unión y solidaridad entre nuestro equipo. Escucha, Víctor Bee, y haz lo que te diga, ya que tú tienes ese carisma que a mí me falta. Organiza trabajos en equipo donde cada abeja tenga la oportunidad de demostrar sus habilidades y contribuir al bienestar de la colmena".

Con el tiempo, las dudas y el descontento se desvanecen. Las abejas comienzan a confiar en la visión de su líder gracias a Víctor Bee, y a comprender que esta nueva colmena es un lugar donde pueden prosperar juntas. La lealtad y unidad de las abejas se fortalecen más que nunca. Este giro que dio la Reina al delegar a Víctor Bee cambia la historia, demostrando la importancia de la confianza en cualquier relación. La Abeja Reina comprendió que, aunque ella es la líder, el verdadero poder está en la confianza mutua y en la lealtad de sus seguidoras. Entonces, con su determinación y liderazgo, finalmente logra encontrar un nuevo hogar para su comunidad.

Después de pasar por múltiples desafíos y poner a prueba la lealtad de sus abejas, la Reina sabe que es crucial encontrar un refugio seguro y próspero. La nueva colmena resulta ser perfecta para ellas, cerca de abundantes flores y recursos que les permiten prosperar y crecer como una familia unida. Este nuevo hogar se convierte en un símbolo de la victoria de la Reina y su liderazgo efectivo.

—¿Ves? Te lo dije, Víctor Bee, vamos a crear una comunidad fuerte y próspera donde tus abejas se sientan seguras y protegidas —le dice la Reina, emocionada.

—Este viaje ha sido épico —le responde Víctor Bee—-. He presenciado la importancia de tener una comunidad unida y leal.

—Escucha esto, Víctor Bee, espero que te deje una valiosa lección: cuando confiamos y nos apoyamos mutuamente, podemos lograr grandes cosas. Como Reina, he demostrado que la confianza y la lealtad son pilares clave para construir una comunidad fuerte y próspera. Así que recuerda esta lección y aplícala en tu liderazgo. Trabaja junto a tu equipo, cuídalos y seamos leales unos a otros. Sólo así lograremos la felicidad y el éxito que todos deseamos.

"Es momento de que todas la abejas que están dentro de la nueva colmena escuchen mi discurso, es importante darles la elección de quedarse conmigo o retirarse a buscar a la Nueva Reina. No puedo permitir que tengamos otra traición".

Víctor Bee la escucha y sabe que en sus manos hay una decisión importante para él y para la colmena.

—Debemos ser agradecidos y fieles a nuestra madre, no voy a dejar que te hagan daño otra vez —Víctor Bee la mira con intención. Entonces se dirige a la nueva colmena—: Así como la primera vez que estuvimos delante de ella, ahora la Reina nos han dado una nueva misión. Nosotras, las doscientas hermanas abejas que hemos decidido ser fieles y acompañarla, daremos hasta la vida misma por las futuras generaciones.

Después de esto, Víctor Bee sale del árbol y vuela de regreso a la oficina de la Reina para darle una buena noticia:

—Mi Reina, todas tus hijas abejas ya están haciendo sus labores con mucho entusiasmo.

Ahora él debe recordar y compartir las coordenadas a su equipo. Debe encontrar lugares seguros para recolectar polen y néctar para que puedan seguir polinizando más flores.

—Listo, creo que ya pude memorizar mis coordenadas. Y también verifiqué que tengamos flores y lugares por explorar.

Consejos Polinizadores

La fidelidad de las abejas hacia la Reina es un ejemplo que puede aplicarse a diferentes ámbitos de la vida, como los negocios, las amistades y la familia. En el mundo de los negocios, la lealtad hacia los líderes es clave para lograr un ambiente de trabajo armonioso y productivo. Al igual que las abejas, los empleados deben estar dispuestos a seguir las directrices de sus superiores y trabajar en conjunto para alcanzar metas comunes. La lealtad hacia la empresa y sus líderes puede llevar a mayores oportunidades de crecimiento y éxito para todos los involucrados.

En el ámbito de las amistades, la fidelidad es esencial para construir relaciones sólidas y duraderas. Al igual que las abejas son leales a su reina, los amigos deben ser leales entre sí, apoyándose mutuamente en momentos difíciles y celebrando los logros del otro. La lealtad en las amistades implica confianza, respeto y el compromiso de estar presente en la vida del otro.

En el contexto familiar, la fidelidad es aún más importante. Las abejas trabajan juntas para asegurar el bienestar de la colmena y para proteger a la reina. Del mismo modo, en una familia es fundamental la lealtad hacia los miembros de la misma. La lealtad hacia los padres, hermanos o cónyuge implica apoyarse mutuamente, ser honestos y proteger los intereses de la familia en todo momento.

La fidelidad de las abejas hacia la reina nos enseña lecciones valiosas sobre cómo ser leales en diferentes aspectos de la vida. Ya sea en los negocios, las amistades o la familia, la lealtad es un valor fundamental que fortalece las relaciones y contribuye al éxito y bienestar de todos los involucrados.

Tomemos el ejemplo de las abejas y cultivemos la lealtad en nuestras vidas. La lealtad es polen, y enseñar a los demás con nuestros ejemplos es Polinización de Empresas.

"El erudito no considera el oro como un preciado tesoro, sino la lealtad y la buena fe". (Confucio)

Capítulo 14
Un nuevo comienzo

—Guauuu, es sorprendente ver a más de doscientas abejas detrás de mí. En algunos días seremos más de cincuenta mil, ¡y pensar que hace unos días yo juraba que era un humano que vivía en un rancho con sus abuelos! Si yo tuviera la oportunidad de ser humano, esta experiencia de abeja me inspiraría para guiar a más personas y enseñarles esta maravillosa forma de vida —dice Víctor Bee para sí mismo. Luego se vuelve hacia su equipo, desde lo más alto de la colmena—: Atención, bzz bzzz bzzzz. El camino hacia la construcción de nuestra nueva colmena no será fácil para nuestro equipo. Vamos a enfrentar varios desafíos, incluyendo la falta de recursos y el duro trabajo que implica la construcción de un nuevo hogar donde pueda vivir nuestra Reina. Sin embargo, a través de nuestra determinación y trabajo arduo, vamos a demostrar que incluso con recursos limitados podemos lograr el éxito.

"Amigas mías, durante todo el proceso de construcción de nuestra nueva colmena vamos a tener que utilizar nuestro ingenio y creatividad para maximizar los recursos disponibles, porque, cuando los recursos se acaban, la creatividad aparece.

"Vamos a racionar cada gota de néctar y cada pedazo de nuestra cera de manera eficiente, asegurando que cada recurso sea utilizado de manera óptima. Además, el trabajo en equipo será fundamental en este proceso. Cada una de ustedes tiene un papel importante que desempeñar, ya sea recolectando néctar, produciendo cera de abeja o protegiendo la colmena de posibles amenazas.

"Comprendamos que la colaboración y el apoyo mutuo son cruciales para superar los obstáculos y lograr nuestros objetivos. Avancemos en la construcción de nuestra nueva colmena".

Víctor Bee deja en claro que el trabajo duro y la utilización eficiente de los recursos son fundamentales para alcanzar el éxito. Él y su ejército de abejas élite sobrevivientes ahora son una inspiración para todas las demás abejas, quieren polinizarlas con actitud ganadora, llevando el mensaje de que con determinación y trabajo arduo se puede construir algo increíble incluso en las circunstancias más desafiantes.

—A trabajar bzzzzz bzzz bzzz bzzzz —gritan todas las abejas y bailan al ritmo de la Macarena.

A medida que avanzan con en el proceso de construcción, cada abeja se compromete cada vez más a dar lo mejor de sí misma. Han comprendido que, para alcanzar el éxito, deben superar las limitaciones y enfrentar los desafíos de frente.

—Esta nueva colmena será testimonio viviente de que la determinación y la dedicación pueden marcar la diferencia en cualquier situación. Vamos a inspirar a todas las abejas del mundo a seguir adelante, incluso cuando nos enfrentamos a circunstancias difíciles —mientras Víctor Bee trabaja, anima a su colmena a seguir adelante. Busca a Norbit Bee con la mirada y cuando la encuentra la llama—: Norbit Bee, ven aquí, por favor.

—¡A tus órdenes, Víctor Bee! —con un saludo militar

—Escucha, Norbit Bee, eres la abeja más pequeña y, cuando muchos no creían en ti, yo di mi consentimiento para que fueras una abeja de élite, no por tu tamaño de cuerpo sino por el tamaño de tu determinación. Es por eso que te quiero dar una misión: ve y busca recursos para nuestra nueva colmena. Creo que, en este caso, tu tamaño puede ser una gran herramienta para pasar desapercibida y mantenerte fuera de peligro. Creo en ti.

Con una mirada amorosa, Norbit Bee abraza a Víctor Bee y sale volando.

Hasta ahora, Norbit Bee ha descubierto que existen una serie de fuentes de recursos que están al alcance del equipo, sólo necesitan buscarlas con atención y utilizarlas de manera inteligente. Por otro lado, Víctor Bee ha aprendido a crear alianzas con los otros miembros de su equipo y darles la oportunidad de crear recursos complementarios que van a hacer la diferencia.

—Vamos, no aflojen, chicos, recuerden que la capacidad de adaptarse y ser ingenioso en la búsqueda de recursos es fundamental para la construcción de nuestra colmena próspera y sostenible.

Después de tantos desafíos y tanto trabajo arduo, Víctor Bee y su equipo finalmente han llegado el siguiente paso en su increíble viaje: la construcción de un hogar para su nueva colmena. Con recursos limitados pero una gran determinación, están decididos a crear un espacio acogedor y próspero para su comunidad de abejas. Para hacer esto posible, Víctor Bee y su equipo utilizan la madera que encuentran en los alrededores para construir colmenas robustas y duraderas. También han aprendido a trabajar en equipo, distribuyendo diferentes tareas para maximizar la eficiencia. Además, están construyendo su colmena en un lugar estratégico, ya que la Reina, con su experiencia, eligió un rincón donde la luz solar es adecuada y hay una abundancia de flores cercanas. Esto garantiza que sus abejas tendrán suficiente energía y alimentos para llevar a cabo sus tareas diarias.

Víctor Bee y su equipo demuestran un enfoque inteligente. Trabajan duro a pesar de los recursos limitados; así es como se puede construir algo extraordinario. Desde el principio, cada miembro de la colmena se comprometió a contribuir de alguna manera al proyecto. Algunas abejas se encargan de recolectar el polen y el néctar necesario para mantener a todos alimentados y con energía, mientras que otras se dedican a limpiar y preparar el lugar donde se construirá la colmena. Incluso las abejas más jóvenes se unen, transportando pequeñas ramitas y hojas para ayudar en la construcción.

—¡Que bendición! —dice Víctor Bee.

Está acostado con una taza de miel, mirando desde la puerta de la colmena las estrellas. Para él, esto se siente bien, ser parte de un proyecto desde cero, *esto pinta bien, mañana seguro será un día muy tranquilo, ahora debo ir a dormir.*

Víctor Bee despierta energizado. Desperezándose, dice:

—Ha llegado la primavera, lo siento en mi esqueleto.

En ese momento entra a su celda un rayo de sol y sube la temperatura. Víctor siente calor y decide darle una vuelta las larvas para asegurarse de que estén bien. Pero en ese momento escucha a una abeja llamar su nombre.

—¡Víctor Bee! ¡Víctor Bee! —llega gritando Paulina Abeja—. Los bebés larvas están actuando raro, se mueven y hacen ruidos extraños.

—Las larvas pueden morir por las altas temperaturas. Para ayudarlos, hay que moverlas más cerca de la entrada de la colmena y reunir a la mayoría de abejas posibles. Nos pondremos en fila y agitaremos nuestras alas para refrescar el aire caliente dentro de la colmena —dice Víctor Bee.

Tras dar la orden, Víctor Bee observa que una abejita vuela a toda velocidad hacia la colmena.

—Víctor Beeeeeeee, Víctor Beeeeeee. Encontré un río —viene gritando Norbit Bee—. Todavía tengo que probar que el agua sea segura y el camino ha sido largo y caluroso, pero creo que puede servirnos.

—Es momento de recolectar toda el agua que sea posible.

Norbit Bee le ofrece una gota de agua a Víctor. Él la toma y la prueba. Emocionado, dándose cuenta de que el agua está limpia, le dice a las demás abejas que ya se han congregado a su alrededor:

—Esta agua les ayudará principalmente a mantenerse hidratadas y mantener la temperatura y la humedad dentro de la colmena. Ahora cada abeja traiga un poco de agua, ya todas listas y cargadas con el agua recolectada regresan a la colmena, y es momento de hacer relevo, las abejas que se encontraban aleteando en la entrada tienen que descansar, así que unas nuevas comienzan con ese trabajo.

Con voz tranquila y sabia, la Reina felicita a Víctor Bee, quien no se había dado cuenta de la presencia de la Reina.

—Muy bien hecho, Víctor Bee y Norbit Bee. Es muy importante mantener fresca y ventilada la colmena, ya que en verano es el periodo en donde el mayor número de abejas mueren, seguido del invierno.

Consejos Polinizadores

Comenzar con recursos limitados, como las abejas élite de Víctor Bee que construyen una nueva colmena, es un desafío común al que se enfrentan muchos emprendedores y pequeñas empresas, los empresarios deben ser ingeniosos y estratégicos para tener éxito.

Uno de los aspectos clave a la hora de construir un nuevo negocio con recursos limitados es priorizar y centrarse en los elementos más esenciales. Las abejas comienzan construyendo los cimientos de su colmena, asegurando su estabilidad y resistencia. De manera similar, los empresarios deben priorizar sus productos o servicios principales e invertir sabiamente sus limitados recursos en desarrollarlos y perfeccionarlos. Al centrarse en las ofertas clave, las empresas pueden construir una base sólida que pueda atraer clientes y generar ingresos.

Otra lección importante de las abejas es su capacidad para trabajar juntas en armonía. Aunque las abejas tienen un número limitado de trabajadores, utilizan plenamente sus habilidades y recursos colectivos para construir sus colmenas de manera eficiente. De manera similar, los empresarios deben fomentar un ambiente de trabajo colaborativo y cohesivo, donde las habilidades y fortalezas de cada empleado se utilicen en su máximo potencial. Esto no sólo maximiza la productividad sino que también crea una sensación de unidad y propósito compartido dentro de la organización. Además, las abejas son conocidas por su inquebrantable dedicación y perseverancia. Trabajan incansablemente día y noche para recolectar néctar y construir su colmena, sin tener en cuenta cualquier desafío que se les presente. Los empresarios deberían adoptar una mentalidad similar y desarrollar resiliencia ante la adversidad. Los recursos limitados y un equipo pequeño pueden presentar obstáculos, pero es crucial permanecer decidido y persistente en la consecución de los objetivos comerciales. Con perseverancia, los emprendedores pueden superar los desafíos y hacer crecer su negocio. Además, al igual que las abejas que utilizan eficientemente los recursos disponibles en su entorno, los empresarios deben ser ingeniosos y creativos para encontrar soluciones rentables.

En lugar de centrarse en lo que les falta, los empresarios deberían capitalizar sus fortalezas y encontrar formas innovadoras de aprovechar sus recursos limitados. Esto podría incluir formar asociaciones estratégicas, utilizar tecnología o encontrar métodos alternativos de producción o distribución.

Iniciar un negocio con recursos limitados es una tarea desafiante, pero con la mentalidad y las estrategias adecuadas, los emprendedores pueden superar estos obstáculos. Al igual que las abejas construyen una nueva colmena, los empresarios deben priorizar, colaborar, perseverar y ser ingeniosos para sentar una base sólida para su negocio. Al hacerlo, pueden crear una empresa próspera y exitosa, independientemente de las limitaciones iniciales.

La creatividad empieza cuando los recursos se acaban. Si sabemos de alguien que está pasando por problemas económicos, podemos decirles que lo más importante es seguir adelante. Un buen emprendedor siempre encuentra los recursos para no dejar morir su proyecto. Como se platicó en el ejemplo de las larvas, esta es una acción en línea con la Polinización de Empresas.

"La inspiración existe, pero tiene que encontrarte trabajando". (Pablo Picasso)

Capítulo 15
Barricada amarilla

Víctor Bee se encuentra hoy encargado de vigilar a las larvas en sus celdas, tiene que estar pendiente de los nuevo nacimientos. Mientras realiza su labor, a lo lejos comienzan a sonar unos zumbidos muy fuertes, así que deja su posición para acercarse a la entrada de la colmena y revisar qué está pasando.

—¡Las avispas devoradoras de larvas! —se escucha gritar a una abeja de élite.

—Se ven amenazantes... despiadadas, ¿qué hacemos, Víctor Bee? —dice Norbit Bee muy asustada.

Estas criaturas, a distancia, parecen uniformadas y tienen una risa malévola. Su plan es esperar a que llegue un momento de oscuridad para atacar. Ahora, se han unido para formar un ejército implacable, determinado a acabar con la vida de cada abeja y su preciada descendencia.

Rápidamente Víctor Bee va a la oficina de la Reina, buscando su sabio consejo.

—Su Majestad, tenemos visitas. Son avispas devoradoras de larvas, ¿qué hacemos?

—Muy bien, Víctor Bee, primero hay que saber quién es el enemigo para no entrar en pánico —dice la Abeja Reina tranquilamente—. Las avispas devoradoras de larvas se caracterizan por su astucia y ferocidad. Su tamaño engañosamente pequeño esconde una fuerza letal capaz de destruir a una colmena entera en cuestión de horas. Son expertas en infiltrarse silenciosamente en las defensas de las abejas y robar sus larvas para alimentar a su propia población—. La Reina hizo una pausa— Es tiempo de preparar la estrategia, Víctor Bee.

Esta nueva amenaza siembra el miedo y la desesperación en el corazón de las abejas. ¿Cómo podrán contraatacar y proteger a su colmena? Víctor Bee, con un plan entre patitas, convoca a su equipo élite, las abejas dispuestas a enfrentar cualquier desafío. Sin embargo, el peso de la incertidumbre se nota en sus ojos: tienen miedo a perderlo todo otra vez. Hasta Víctor Bee duda de sus fuerzas. *¿Será suficiente nuestra determinación y valentía para sobrevivir a esta batalla épica contra las avispas devoradoras de larvas?*, se pregunta. Pero aun así va a la guerra, liderando un ejército de élite formado por las abejas más valerosas y fuertes de la colmena. Van hacia una muerte segura, pero ellas han entrenado arduamente para enfrentarse a las avispas devoradoras de larvas y proteger a su preciada descendencia.

—Mis abejas élite guerreras son jóvenes, pero incansables en su determinación y habilidades. Entre nosotras no hay abejas viejas, en su mayoría somos abejas fuertes con la estrategia sofisticada que me diseñó la Reina para contrarrestar los ataques de las avispas, podemos defender nuestro hogar —dice Víctor más para sí que para su equipo, pero luego da la cara y dice en voz alta—:

¡Equipo, atención! Vamos a utilizar tácticas de ataque sorpresa, emboscadas y trabajo en equipo para desorientar y derrotar a las avispas. En cuanto a la señal —reparte entre todas unos papeles de cera—, vamos a construir una serie de barreras defensivas en torno a la colmena: trampas pegajosas para capturar a las avispas, y escudos de cera endurecida para proteger a las larvas de los ataques, estas serán medidas de seguridad con prueba de la valentía y el ingenio de este ejército de élite.

A pesar de su miedo y la amenaza constante, la valiente Víctor Bee y su ejército de élite mantienen la esperanza de proteger a su colmena y asegurar un futuro próspero para su especie. Su valentía y determinación se erigen como un símbolo de resistencia en la lucha impuesta por las avispas devoradoras de larvas.

Las abejas élite guerreras se preparan para el enfrentamiento final, afilando sus aguijones y armándose con determinación. Su valentía es inquebrantable. A pesar de las terribles historias que han escuchado sobre las avispas y sus devastadores ataques, creen en el liderazgo de Víctor Bee y su Reina para salir ganadores de esta batalla.

En medio de la oscuridad de la noche, cuando la luna brilla débilmente y el aire está cargado de tensión, la valiente Víctor Bee lidera a sus soldados hacia el campo de batalla. La colmena entera tiembla de miedo, pero también de esperanza. La batalla comienza con un estallido de ferocidad. Las abejas atacan con una furia sin igual, luchando con todas sus fuerzas para proteger a sus larvas y su hogar. Sin embargo, las avispas no se quedan atrás, usando su tamaño y agilidad para contraatacar. El sonido de los zumbidos y el aleteo de las alas llenan el aire mientras los dos ejércitos chocan. Las abejas defienden a sus larvas con valentía, sacrificándose en el proceso. Es una lucha desgarradora, llena de momentos de alta tensión y peligro inminente.

A medida que la batalla se intensifica, la valiente Víctor Bee y su ejército se enfrentan a dificultades abrumadoras. Pareciera que las avispas fueran invencibles, pero estas abejas guerreras no ceden ante el miedo, sino que se mantienen, pues todo está en juego en esta lucha por la supervivencia. No pueden permitirse el lujo de rendirse y han desarrollado una estrategia audaz y astuta que podría ser la clave de su éxito en esta batalla desesperada por la supervivencia.

Mientras las avispas atacan con agresividad, las abejas hacen gala de movimientos rápidos y precisos. Sobre la marcha han aprendido a aprovechar su número y trabajar en equipo para desestabilizar a las avispas. Atacan en oleadas, abrumando a sus enemigos con su fuerza y determinación. Además de la astuta estrategia de la Reina, las abejas han perfeccionado sus habilidades defensivas. Saben cómo utilizar sus aguijones con precisión y eficacia, apuntando a los puntos débiles de las avispas.

—Estamos dispuestas a sacrificarnos —grita Norbit Bee—. ¡Por el bien de la colmena daré la vida por mis hermanas larvas!

La batalla continúa y se hace evidente que la estrategia audaz está dando resultados. Las avispas se ven confundidas y superadas en número. La confianza crece dentro de la colmena y con ella la esperanza de que la victoria sea posible. Este enfrentamiento épico tiene a todos al borde de la muerte, y el resultado es incierto.

En medio del caos y la desesperación, las abejas de élite guerreras no han cedido ante el temor. Su valentía y determinación son admirables, y han demostrado que no se rendirán sin luchar hasta el último aliento. La batalla contra las avispas devoradoras de larvas ha sido feroz y despiadada. Cada encuentro es una prueba de su resistencia, pero las abejas mantienen la esperanza de salir victoriosas.

A pesar de la aparente superioridad de las avispas, las abejas han utilizado todos los recursos a su disposición para repeler el ataque. Han utilizado sus aguijones con precisión mortal, incapacitando a sus adversarios y enviándoles un claro mensaje: no se puede subestimar la fuerza de una familia unida.

La avispa comandante sabe que, para acabar con la guerra, tiene que localizar al líder de las abejas y enfrentarlo agujón a aguijón. Entonces localiza a Víctor Bee y decide, mientras este está distraído, atacarlo con todas sus fuerzas. Vuela hacia él con un firme propósito: si acaba con él, acabará con la guerra y podrá reclamar la colmena y sus larvas.

Entre el caos de la lucha, se escuchan gritos de dolor.

—Ayyyyyy bzzzzzz, ayyyyyy bzzzz —es Norbit Bee, que yace en el suelo con el cuerpecito ensangrentado—. Les dije que daría mi vida por la colmena —dice.

Víctor vuela hacia su amiga, huyendo a su vez de la comandante avispa. Cuando llega a su amigo, lo levanta con cuidado y lo lleva volando a la enfermería, donde lo entrega a María Abeja y lo deja a su cuidado.

—Aguanta, amigo —le dice antes de volver a la pelea.

Con sus fuerzas redobladas por el coraje de ver a su amigo caer, Víctor se reincorpora a la pelea, pero sabe que las bajas han sido demasiadas, por todos lados ve a compañeras caídas. Víctor Bee sigue luchando, en nombre de Will Bee, de su Reina, de las abejas caídas y de las que aún siguen en pie. A pesar de que la colmena sabía que tarde o temprano algo como esto tenía que pasar, pues es la naturaleza y la naturaleza nunca se equivoca, las abejas se duelen por las compañeras caídas.

—Mi historia no acaba aquí —dice Víctor Bee. Nota que quedan pocas avispas, pero también sabe que sus guerreras están demasiado cansadas, entonces se ve forzado a tomar una última y drástica decisión—. ¡Barricada amarilla! ¡Barricada amarilla! —le grita a sus guerreras.

Las tropas van repitiendo lo mismo para que todas sus compañeras estén enteradas:

—¡Barricada amarilla!

Todas las abejas se reúnen en la entrada del panal y comienzan a formar un muro amarillo y negro. El muro es resistente, pero no impenetrable. Mientras unas abejas empujan hacia afuera, otras sacan el aguijón. Muchas avispas son aguijoneadas, pero, de la misma manera, también muchas abejas salen heridas. Así pasan varias horas de barricada y las abejas están a punto de caer por el cansancio. —¡Sabíamos que esta batalla sería mortal, que muchas morirían, pero la victoria está cerca, evitemos que el número de muertos sea mayor!

Y las abejas aguantan un poco más, hasta que las avispas, una a una, se van retirando y no queda una más. La lucha termina. La Reina y las larvas están a salvo.

No es una victoria para celebrar. Ha sido un día de muerte y tristeza, pero se ha aprendido una lección: cuando trabajamos en equipo, salimos adelante con fe en Dios, honrando a los que nos han dejado algún legado.

Consejos Polinizadores

En el mundo de los negocios, es fundamental tener la determinación y la valentía de defender nuestros sueños y aspiraciones. Al igual que las abejas que se defienden de las avispas que intentan devorar sus larvas, debemos proteger nuestras metas y objetivos de aquellos que intentan desalentarnos o detener nuestro progreso.

En primer lugar, al igual que las abejas, debemos tener una mentalidad fuerte y resiliente. Las abejas no se rinden fácilmente ante las avispas, sino que luchan con valentía para proteger a su colonia. De la misma manera, debemos estar preparados para enfrentar cualquier obstáculo o crítica que se presente en nuestro camino hacia el éxito. No podemos permitir que las opiniones negativas de los demás nos desvíen de nuestro propósito y nos hagan abandonar nuestros sueños. Además, al igual que las abejas que trabajan en equipo para proteger su colmena, también debemos rodearnos de personas que nos apoyen y nos impulsen hacia adelante. Es vital contar con un sólido sistema de apoyo que nos proporcione ánimo y aliento en momentos difíciles. En el mundo de los negocios, es común enfrentar adversidades y contratiempos, pero si tenemos un equipo de personas que nos respalden podremos superar cualquier desafío que se presente en nuestro camino hacia el éxito.

También es importante ser proactivo en la protección de nuestros sueños. Las abejas no esperan a que las avispas ataquen, sino que toman medidas preventivas para proteger a su colonia. Debemos ser diligentes en la identificación y eliminación de cualquier amenaza potencial a nuestro éxito. Esto puede incluir la realización de investigaciones exhaustivas, la búsqueda de mentores y el establecimiento de estrategias sólidas para lograr nuestros objetivos. Si somos proactivos en la defensa de nuestros sueños, aumentaremos nuestras posibilidades de éxito y reduciremos la probabilidad de fracaso.

Al igual que las abejas que se defienden de las avispas, debemos ser valientes y decididos en la protección de nuestros sueños en el mundo de los negocios. Debemos tener una mentalidad fuerte y resiliente, rodearnos de personas que nos apoyen y ser proactivos en nuestra búsqueda del éxito. Al defender nuestros sueños con determinación y valentía, podremos alcanzar nuestras metas y convertirnos en líderes exitosos en el mundo empresarial.

"Nunca se te da un sueño sin que también se te dé el poder de hacerlo realidad. Sin embargo, tendrás que esforzarte". (Richard Bach)

Capítulo 16
Alas rotas

Al día siguiente todo está limpio, como si la lucha se hubiera tratado de una pesadilla que no deja rastro. Víctor Bee se despierta con un dolor infernal en el ala derecha y vuela directo a la enfermería para ser atendido por María Abeja. Pero antes de hablar de sus propias heridas, pregunta:

—¿Cómo sigue Norbit Bee?

María lo mira con las antenas llenas de tristeza.

—Lamentablemente no pudo resistir el embate de la avispa comandante —le dice María Abeja.

—Dios mío —Víctor cae sobre sus rodillas de abeja, llorando por Norbit y por todas sus amigas muertas. Se siente culpable, no sabe cómo seguirá motivando a las abejas que quedan.

Mientras llora, María le cura las heridas.

—Ve y descansa —le pide.

Desde el momento en que emergió de su huevo como una pequeña larva, Víctor se ha enfrentado a innumerables desafíos para poder sobrevivir en medio de la colmena. Han sido días oscuros y solitarios para él, pero esta es la vida de abeja y ya no tiene por qué sentirse solo, pues tiene a su colmena, a sus hermanas. Sufre con y por ellas. Los siguientes días son una batalla para Víctor Bee y sus abejas. Hasta que un día, de regreso de la enfermería, Víctor Bee ve a unas abejas bebé enfrascadas en un juego.

—¡Yo soy el líder, Víctor Bee! —grita una de las bebés—. Y no permitiré que nuestro reino sea dominado.

Víctor Bee sonríe para sí: algo bueno ha salido de toda la muerte, ahora las bebés saben sobre la lucha y la resiliencia. Esta batalla será tomada como leyenda y ejemplo para las generaciones venideras. Aunque sigue temeroso y desalentado, decide que es hora de asumir su destino. Está herido y su ala derecha no se curará.

Reúne a las abejas más valientes de la colmena, decidido a despedirse, a dar un último discurso de esperanza. Aquí comienza su viaje hacia el otro mundo, donde se reuniría con Will Bee.

—Hermanas mías, vivir significa tomar decisiones difíciles y arriesgadas, y a menudo hay situaciones peligrosas que nos llevan al final de todo. Pero ustedes nunca han dejado de luchar, su determinación y valentía me inspiran —Víctor Bee comienza a quebrarse—. El camino hacia mi liderazgo fue más fácil de lo que ustedes creen, la tristeza y la desesperación fueron mis enemigos, pero se convirtieron en una fortaleza interior que me impulsó a seguir adelante.

"Este viaje de transformación me demostró que incluso en las circunstancias más desoladoras hay esperanza. Podemos, como equipo, encontrar nuestro propósito en la vida. Yo me convertí en el líder de la colmena, pero nunca olviden que cada victoria tiene un precio. Hermanas, mi viaje acaba pero el suyo continúa, y sólo el tiempo dirá qué más les espera en su aventura individual".

Víctor Bee hace hincapié en que el liderazgo no sólo significa tomar decisiones importantes, sino también hacer sacrificios personales. Al término de su discurso, pasa largas horas trabajando para asegurar la supervivencia de su comunidad sin que nadie lo vea, ya sin tiempo para disfrutar de las pequeñas alegrías de la vida. Víctor sabe que la vida de un líder a veces es así, hay que renunciar a algunos deseos propios para servir al bien común.

He tenido que cargar sobre mis hombros el peso abrumador de las responsabilidades y las decisiones difíciles que el liderazgo conlleva. Desde elegir la mejor ubicación para la colmena, hasta tomar decisiones que afecten la supervivencia de toda la comunidad, piensa Víctor Bee mientras lágrimas desbordan sus ojos. *Mis noches de insomnio se vieron plagadas de dudas y preguntas sin respuesta. ¿Estoy tomando las decisiones correctas? ¿Cumpliré con las expectativas de mi colonia? Enfrentar estas incertidumbres día tras día consumía mi energía y amenazaba con erosionar mi espíritu. Pero me mantuve firme, siempre con una sonrisa, y continué liderando con determinación. No puedo evitar sentir el impacto emocional de cada elección que hice. Durante los momentos de angustia, me pregunté si existía una salida, si había alguna manera de conciliar mi papel de líder con mi propia felicidad y bienestar.*

Víctor termina todos los preparativos para su partida y le habla de nuevo a sus hermanas abejas:

—Hermanas mías, mi vida ha estado marcada por una serie de tragedias que me han llevado al límite de mis fuerzas. Desde mi infancia como larva he sido testigo de la destrucción y la pérdida que acechan a la colmena. Sin olvidar la más reciente tragedia que marcó la vida de todas. Pero la tragedia más personal para mí fue la pérdida de mi hermana pequeña y compañera, Norbit Bee. Espero que ustedes, como yo, sepan encontrar consuelo en la comunidad, en la Reina. La lealtad es fundamental en nuestra vida.

"Hermanas, no nos pongamos tristes, es tiempo de aires nuevos, de volar alto. Tengo un gran regalo para ustedes que mi mentor Will me dio antes de morir. Me imagino que él me lo dio para que yo lo entregara a mi alumno. Mi vida ha estado llena de aventuras, no me ha dado tiempo de tener un solo alumno: todas ustedes son mis alumnas".

Víctor Bee rompe el sello del hermoso pergamino de Will Bee y comparte su sabiduría en voz alta, con toda su colmena.

Capítulo 17
El pergamino

Querida Abeja Élite,
Si estás leyendo esto es que fuiste elegida para seguir la línea de comunicación que ha prevalecido por millones de años de abeja líder a abeja líder. A esta información se le puede llamar polen, pero no es un polen normal, es un polen motivacional para que la especie siga y siga, ya que, sin nosotras, el mundo acabaría...

Víctor Bee leyó valiosas lecciones sobre la importancia de tener fe en Dios y creer en uno mismo. También dejó claro cuál era el legado que Will Bee quiso para su equipo de élite de las abejas. Él quiere que cada una de ellas sepa que son seres excepcionales, capaces de alcanzar grandes logros cuando trabajan juntas. El legado que Will y Víctor Bee quieren dejar es el de la unidad y la fortaleza. Creen firmemente que cuando las abejas trabajan en equipo y se apoyan mutuamente pueden superar cualquier obstáculo que se les presente. Su visión para el equipo de élite es que cada abeja se sienta valorada y empoderada, y que juntas puedan lograr cosas increíbles.

En el pergamino se les recordó que cada acción que toman, cada esfuerzo que hacen, contribuye a la grandeza del equipo de élite. Les recordó que son parte de algo mucho más grande que ellas mismas, y que su trabajo en equipo está siendo observado y admirado por otros. El legado que cada una está dejando para el equipo de élite de las abejas es el de la inspiración y el empoderamiento. Cada abeja tiene el poder de marcar la diferencia y crear un impacto positivo en el mundo que las rodea. A través de su liderazgo inspirador, por millones de años, se ha logrado que los equipo de élite de las abejas se sienta motivado y comprometido a dar lo mejor de sí, tanto individualmente como en conjunto.

Dejar un legado como una no sólo se limita al equipo de élite, sino que también ha de dejar un impacto duradero en la comunidad de abejas en general. Nuestro liderazgo inspirador será un faro en la oscuridad para otros líderes de abejas y ha generado un efecto dominó de colaboración y empoderamiento en toda la comunidad al paso de los millones de años que llevamos en este planeta.

Gracias a la visión de ustedes como líderes, las abejas siempre trabajarán juntas para enfrentar desafíos comunes, como la pérdida de hábitat y la disminución de la población de abejas. Además, nuestra comunidad de abejas sabe reconocer y valorar el papel fundamental que las abejas desempeñan en la polinización y en la producción de alimentos. Nuestro impacto va más allá de ser un equipo de élite de abejas, nuestro legado de unidad, fortaleza y empoderamiento impulsará a las comunidades de abejas a trabajar en conjunto para un bien común.

1. *Identifica y cultiva el talento. Al igual que nuestra reina, debemos buscar y nutrir a las abejas más talentosas y comprometidas para formar nuestro equipo. Observa de cerca a las abejas que demuestran habilidades excepcionales en la polinización, comunicación y trabajo en equipo.*

2. *Fomenta la colaboración. Promover un ambiente de trabajo en equipo donde las abejas puedan compartir conocimientos y experiencias es clave. Anima a tus abejas a trabajar juntas, a aprender unas de otras y a apoyarse mutuamente.*

3. *Establece metas claras. Define metas claras y tangibles para tu equipo de abejas, de manera que todos tengan una dirección clara sobre lo que están trabajando y cómo su contribución es valiosa.*

4. *Reconoce y celebra los logros. Demuestra reconocimiento y gratitud hacia tus abejas cuando alcanzan metas importantes. Celebra los éxitos y recompensa el arduo trabajo y el compromiso de tu equipo.*

Siguiendo estos consejos podrás construir un equipo élite de abejas que trabaje en armonía y trascienda los límites de su comunidad. ¡Juntos, podemos lograr cosas

maravillosas y dejar un legado inspirador para las futuras
generaciones de abejorros por otros millones de años!

Víctor Bee, caminando a duras penas, se acerca a María Bee y le entrega el pergamino para que ella siga la tradición. Al terminar su discurso, muere frente a todas las abejas.

En su honor se hace una ceremonia simbólica, llena de colores y zumbidos al ritmo de la Macarena. Colocan una placa en su memoria y se decide que todos los años, en esa fecha, se celebrará la festividad. La placa dice:

<LA CONSTRUCCIÓN DE UN EQUIPO ÉLITE DE ABEJAS VA MÁS ALLÁ DE ALCANZAR METAS INDIVI-DUALES, SE TRATA DE APOYARNOS MUTUAMENTE, CELEBRAR JUNTOS LOS ÉXITOS Y HONRAR AL LÍDER QUE NOS HA GUIADO EN EL CAMINO HACIA LA GRANDEZA. GRACIAS, VICTOR BEE>

***

A lo lejos se escucha música y los vendedores de agua de tuba. Una pequeña abeja zumba alrededor de la cara de Víctor, el joven pescador. Él, con ganas de seguir durmiendo, despierta lentamente. Lo primero que ve es el mar con la brisa de la mañana. Está en Puerto Vallarta, todo ha sido un sueño y el joven pescador junta sus cobijas y sigue su vida.

Consejos Polinizadores

Quiero hacer un llamado a todos ustedes, amigos apasionados por las abejas, a seguir el ejemplo del líder Víctor Bee. Su legado de inspiración y dedicación nos muestra el camino hacia el éxito y la grandeza. ¡Sigamos trabajando juntos, apoyándonos mutuamente y celebrando nuestros éxitos! Sigamos construyendo un legado fantástico para las futuras generaciones de abejas Polinizadoras de Empresas.

Las abejas juegan un papel fundamental en la salud y el equilibrio de nuestro planeta. Como los empresarios de negocios locales y prósperos, es crucial comprender la importancia de un legado positivo en relación a las abejas y su labor de polinización.

La polinización, realizada principalmente por las abejas, es esencial para la reproducción de muchas especies vegetales. Sin embargo, en los últimos años hemos sido testigos de una disminución preocupante en la población de abejas, principalmente debido a la pérdida de hábitat, el uso indiscriminado de pesticidas y los efectos del cambio climático.

Necesitamos que más empresarios se sumen a la Polinización de Empresas ayudando a otros negocios a que se vuelvan prósperos. En el mundo de los negocios, el liderazgo desempeña un papel fundamental en el éxito de una empresa. El líder de una organización es el encargado de guiar, motivar e inspirar a su equipo para alcanzar los objetivos establecidos. Sin un líder fuerte y comprometido, es difícil lograr resultados exitosos.

Uno de los ejemplos más sorprendentes de liderazgo se encuentra en el reino animal: las abejas. Estas pequeñas criaturas tienen una estructura social bien definida y una jerarquía clara. Cada colonia de abejas tiene una líder, conocida como la abeja reina. Ella es responsable de la supervivencia y el crecimiento de la colonia. La abeja reina es un ejemplo perfecto de liderazgo efectivo. Ella toma decisiones importantes para el bienestar de la colonia y se asegura de que todos los miembros cumplan con sus responsabilidades. Es una líder visionaria que tiene en cuenta las necesidades presentes y futuras de la colonia. Además, es una gran motivadora, ya que su presencia y su trabajo incansable sirven de inspiración para las demás abejas.

Un empresario puede aprender mucho de las cualidades de liderazgo de una abeja reina. Al igual que ella, un líder empresarial debe tener una visión clara y un plan estratégico para alcanzarla. También debe ser capaz de tomar decisiones difíciles para el bienestar de la empresa, incluso si no son populares. Además, un líder empresarial debe ser un motivador e inspirador para su equipo, demostrando con su trabajo duro y dedicación que el éxito es posible.

Las abejas son vitales para la polinización de las plantas y cultivos, lo que asegura su crecimiento y supervivencia. Del mismo modo, un líder empresarial debe ser capaz de "polinizar" los negocios, es decir, establecer alianzas estratégicas y colaboraciones que impulsen el crecimiento y el éxito de la empresas de su comunidad.

El legado de una abeja líder puede servir de ejemplo a un empresario líder. Las cualidades de liderazgo de una abeja no importando que sea reina o no, como la visión, la toma de decisiones, la motivación y la capacidad de polinizar, son fundamentales para el éxito de las empresas en el mundo. Al seguir el ejemplo de estas pequeñas criaturas, los empresarios pueden llevar a sus negocios hacia el éxito y contribuir al crecimiento y desarrollo de la sociedad en general.

"Si quieres cambiar el mundo, cámbiate a ti mismo". (Mahatma Gandhi)

Segunda parte

Negocios Polinizadores

Negocios Polinizadores

El 18 de Julio, 2017, después de haber trabajado como gerente de ventas durante varios años, finalmente decidí dar un paso valiente y arriesgado: renunciar a mi trabajo estable y abrir mi propio negocio a la edad de treinta y cuatro años. Esta decisión no fue tomada a la ligera, ya que significaba dejar la seguridad de un empleo estable y aventurarme en el mundo incierto del emprendimiento.

Mi experiencia como gerente de ventas me proporcionó las habilidades y los conocimientos necesarios para tener éxito en mi nuevo emprendimiento. Sabía cómo gestionar equipos, alcanzar objetivos de ventas y mantener a los clientes satisfechos. Sin embargo, ser dueño de mi propio negocio requeriría un conjunto completamente nuevo de habilidades y un enfoque diferente. Abrir mi propio negocio significaba asumir riesgos financieros, trabajar largas horas y enfrentarme a la incertidumbre del mercado, pero también significaba tener la libertad de seguir mi pasión, tomar mis propias decisiones y ver crecer algo que era completamente mío.

A los treinta y cuatro años, sentí que era el momento adecuado para dar este paso. Tenía la energía, la motivación y la determinación necesarias para llevar adelante mi negocio. Además, había adquirido la experiencia y el conocimiento en la industria en la que quería emprender, lo que me daba una ventaja competitiva.

A medida que avanzaba en la creación de mi negocio, enfrenté desafíos y obstáculos. No todo fue fácil y hubo momentos de duda y frustración. Sin embargo, cada obstáculo superado me hizo más fuerte y me motivó a seguir adelante.

Después de un año de operaciones, cuando el negocio comenzó a mostrar resultados positivos y me encontraba en una zona de confort, leí un artículo interesante en la sección financiera del periódico local. El texto, emitido por la Universidad de Guadalajara, señalaba lo siguiente: "Investigadores del CUCosta han estudiado los factores que contribuyen a que siete de cada diez negocios dedicados al comercio en Puerto Vallarta no logren superar el quinto año de vida. Para impulsar un negocio no basta con interés, inversión y tiempo; estos elementos por sí solos no garantizan su permanencia."

Me sorprendió esta información e inevitablemente reflexioné sobre mi propia situación: ¿podría yo estar entre esas estadísticas? "Siete de cada diez negocios en Puerto Vallarta no sobreviven más allá del quinto año", resonó incesantemente en mi mente. A simple vista, puede parecer una estadística desalentadora, pero, ¿qué pasaría si en lugar de verlo como un obstáculo lo tomamos como un reto? Así es como decidí ponerme la capa de héroe y enfrentar esta realidad de frente.

Investigué a fondo sobre el tema y me di cuenta de que emprender un negocio no sólo se trata de tener interés, inversión y tiempo, sino de contar con el apoyo y la orientación adecuada. Fue entonces cuando decidí dar un paso al frente y buscar ayuda. Llamé a unos expertos en el campo y concerté una cita, la cual resultó en un giro inesperado.

Manuel Ernesto Becerra Bizarrón, Luz Amparo Delgado Díaz y Georgina Dolores Sandoval Ballesteros me escucharon con atención y me ofrecieron su ayuda. Con sus consejos y orientación pude diseñar un plan sólido para ayudar a los negocios de Puerto Vallarta. Luego, bajo la supervisión de la incubadora de la universidad, guiada por la Dra. Mercedes Castellón y la Maestra Indira Montes Zambrano, puse en marcha Bee Business el 18 de julio de 2018.

En este momento, al celebrar el quinto aniversario de Bee Business, me complace decir que hemos superado las expectativas y estamos prosperando. He evolucionado hasta convertirme en una figura clave, impulsando negocios locales mediante estrategias de planificación efectiva.

En esta sección del libro comparto experiencias e ideas innovadoras que pueden fomentar un cambio positivo y promover el respeto hacia los negocios locales, reconociéndolos como la principal fuente económica de México.

Los negocios locales tienen un papel fundamental en el desarrollo económico de sus comunidades. A través de su actividad comercial generan empleos, fomentan el crecimiento de otros negocios y contribuyen a la reactivación económica de la región. Además tienen el poder de fortalecer la identidad de la comunidad, ya que muchos de ellos se centran en ofrecer productos o servicios únicos y auténticos. Esto atrae tanto a residentes de la localidad como a visitantes, quienes contribuyen a impulsar la economía local al gastar su dinero en establecimientos cercanos. Adicionalmente, los negocios locales suelen tener una mayor proporción de ganancias que se reinvierten en la comunidad, esto significa que el dinero generado por estos negocios se queda en la región, lo que ayuda a impulsar el crecimiento económico a través de la generación de empleos, el pago de impuestos y la contribución a proyectos de desarrollo local.

Es importante destacar que los negocios locales a menudo tienen un gran impacto en la cadena de suministro local ya que estos prefieren trabajar con proveedores y distribuidores locales, lo que contribuye a fortalecer la economía de la región al fomentar el crecimiento de otros negocios. Al contratar personal local, estos negocios crean oportunidades de trabajo para los residentes y reducen la tasa de desempleo. Esto, a su vez, contribuye al aumento de los ingresos y al bienestar económico de la comunidad. Además, los negocios locales pueden generar un impacto positivo en el turismo y en la imagen de la región. Muchos turistas buscan experiencias auténticas y únicas, y son atraídos por los negocios locales que ofrecen productos o servicios tradicionales. Esto puede incrementar el flujo de visitantes a la región, generar ingresos adicionales y promover el desarrollo del sector turístico local.

Por otra parte, los negocios locales también pueden contribuir al desarrollo sostenible de la región. Al tener un menor impacto ambiental y promover prácticas responsables, estos negocios ayudan a preservar los recursos naturales y a proteger el entorno. Esto puede generar una mayor conciencia ambiental en la comunidad y atraer a turistas que buscan destinos eco-amigables.

Sin embargo, es importante destacar que no se aprovecha al máximo el potencial económico de los negocios locales, pues es fundamental contar con las herramientas y los conocimientos adecuados. Muchos emprendedores enfrentan dificultades para acceder a recursos financieros, capacitación empresarial o asesoramiento profesional. Es aquí donde Bee Business puede desempeñar un papel crucial.

En Bee Business estamos comprometidos a ayudar a los negocios locales a encontrar las herramientas y procesos necesarios para alcanzar el éxito económico. Nuestro objetivo es brindarles el apoyo necesario para que puedan prosperar y contribuir al desarrollo económico de sus comunidades trabajando como Abejas.

Los negocios locales tienen el poder de incrementar la economía de sus ciudades, municipios y pueblos. Su impacto va más allá de la generación de empleo, ya que contribuyen al crecimiento económico, estimulan el comercio local, promueven el turismo y protegen el medio ambiente. Con el apoyo y las herramientas (Polen Empresarial) adecuadas, estos negocios pueden lograr un éxito económico sostenido y, en última instancia, contribuir al bienestar de la comunidad en su conjunto.

Este libro busca abordar el tema de la Polinización de Empresas enfocada a las economías locales y se basa en el principio de ayuda mutua, al igual que las abejas. Es importante reconocer y agradecer a todas las personas que forman parte de este movimiento de la Polinización de Empresas y la economía local, incluyendo a pensadores, defensores, profesionales, empresarios, inversores, funcionarios públicos, profesores y periodistas. En este libro se apoya a todas las empresas, tanto locales como no locales, grandes y pequeñas, ya que todas contribuyen a generar empleo.

Es necesario destacar que muchos promotores económicos suelen ignorar a las empresas locales, aunque argumenten respaldar algunos programas como cursos, tutorías, incubadoras, que supuestamente benefician a algunas empresas locales. Estos programas suelen ser triviales en términos de inversión económica; créanme, yo he pasado por ahí.

El objetivo de este libro es llamar la atención sobre la importancia de apoyar y fortalecer a las empresas locales, ya que son fundamentales para el desarrollo económico y social de una comunidad. La Polinización de Empresas es un concepto que busca fomentar la interacción y colaboración entre distintos actores del sector empresarial para generar ideas innovadoras, impulsar el crecimiento económico local y garantizar la creación de empleo.

A lo largo de este apartado podremos explorar diferentes estrategias y prácticas que pueden ser implementadas para promover la Polinización de Empresas en las economías locales. También se abordarán los beneficios que esto puede traer, tanto a nivel individual como colectivo, buscando casos de éxito de empresas que hayan florecido gracias a esta colaboración y usarlos como ejemplo de que si se apoya a los negocios locales con políticas de gobierno, juntos podemos llegar más lejos.

Espero que éste apartado sea de utilidad para todos aquellos interesados en el fortalecimiento de las economías locales y en la creación de un entorno empresarial más colaborativo y sostenible, recordando muy bien la historia del joven pescador que se convirtió en abeja y su deseo de compartir todo el conocimiento que había adquirido en la colmena. Gran parte del material que encontrarán aquí proviene de nuestra experiencia como emprendedores, del tiempo que pasamos compartiendo ideas y enseñanzas con los empresarios, amigos y mentores que lideran numerosas

Polinizadoras (empresas cuya misión es desarrollar la economía local y apoyar a otras empresas).

Les estamos enormemente agradecido por dedicar tiempo a nuestras conversaciones, compartir documentos importantes y leer borradores para asegurar la precisión de la información. No es necesario mencionarlos aquí, ya que los conocerán a todos a lo largo de los testimonios que daré en las conferencias donde se les invitará a que compartan su polen.

La Polinización de Empresas es el proceso de fomentar y apoyar el crecimiento y desarrollo de nuevas empresas en una comunidad. Si se lleva a cabo correctamente, puede traer varios beneficios económicos y sociales. Además, el desarrollo económico puede conducir a un aumento en la riqueza de la comunidad: las empresas exitosas generan ganancias y, a su vez, pueden invertir en la comunidad a través de donaciones y patrocinios. Esto puede mejorar la infraestructura local, financiar proyectos comunitarios y mejorar la calidad de vida en general.

Los consumidores también se beneficiarán de la Polinización de Empresas: con más y mejores empresas en la comunidad, habrá una mayor oferta de bienes y servicios. Esto puede conducir a una mayor competitividad entre las empresas, lo que a su vez puede resultar en productos y servicios de mejor calidad a precios más competitivos. Sin embargo, es importante tener en cuenta que el desarrollo económico debe tomar en cuenta a las microempresas.

Estas empresas más pequeñas también pueden contribuir significativamente al crecimiento económico de una comunidad y deben ser consideradas en las decisiones de desarrollo económico.

Por desgracia, el desarrollo económico a menudo no se comprende bien debido a la falta de transparencia por parte de los gobiernos locales. Esto impide que el público comprenda plenamente las acciones que se llevan a cabo y, por lo tanto, no se pueden aportar ideas nuevas y perspectivas para el futuro de la comunidad. La Polinización de Empresas pretende abordar esta problemática y proponer una forma diferente de llevar a cabo el desarrollo económico; sugiere centrarse en el crecimiento de empresas de propiedad local, lo que puede aumentar la eficiencia del desarrollo económico y reducir sus costos. En realidad, si replicamos, nos ayudamos los unos a los otros a generar excelentes ideas para el futuro y el desarrollo económico. Esta tarea podría ser llevada a cabo principalmente por el sector privado, con un costo prácticamente nulo para los emprendedores, o muy económico .

Cada vez más pequeñas empresas están desempeñando roles importantes en el desarrollo económico local de manera gradual, se está facilitando la planificación y creación de espacios locales, apoyando a los empresarios locales, ayudando a los consumidores locales a comprar productos locales y permitiendo que los inversores locales tengan la oportunidad de financiar proyectos locales. Sin embargo, aún falta mucho por avanzar.

Estas empresas locales pueden cubrir sus costos al eliminar intermediarios y cobrar tarifas razonables a sus clientes. A pesar de que buscamos el éxito y oportunidades que ofrecer a estados, ciudades y pueblos de México, podrían ser prácticamente desconocidos y no llegar a la luz debido a las absurdas prácticas del desarrollo económico llevadas a cabo por los gobiernos en la actualidad. El desarrollo económico se manifiesta a través de incentivos como el "Financiamiento a los negocios locales" y la mayoría de estos pueden hacer que los negocios locales sean exitosos. Sin embargo, los políticos y los promotores económicos a menudo ignoran esta evidencia y no les importa la Polinización de Empresas, ya que su misión no es desarrollar sus economías, sino generar titulares y proteger sus puestos en el municipio.

El objetivo de la Polinización de Empresas es conectar a emprendedores con los recursos y el apoyo necesarios para que sus ideas de negocio puedan florecer y crecer. Los seminarios de negocios gratuitos ofrecidos por Bee Business serían una forma de educar y motivar a las personas interesadas en emprender, proporcionándoles información valiosa sobre cómo iniciar y desarrollar un negocio exitoso. Estos seminarios podrían atraer cientos de emprendedores, lo cual es significativo en pueblos pequeños donde estas oportunidades suelen ser escasas. Además, al traer historias de éxito de municipios cercanos, se podría demostrar que el éxito empresarial es posible incluso en entornos similares.

La esencia de la Polinización de Empresas radica en la colaboración y el apoyo mutuo. Bee Business se compromete a brindar asistencia personalizada a los emprendedores, preocupándose por los aspectos financieros y permitiendo que los emprendedores se centren en desarrollar su idea de negocio. No se consideran ideas tontas, sino ideas potencialmente grandes que sólo necesitan ser alimentadas y apoyadas.

El Polen, en este contexto, es la ayuda ofrecida a los emprendedores por parte de Bee Business. Esto incluye asistencia para redactar un plan de negocios, reclutar socios comerciales, enseñar habilidades comerciales y contables básicas, y resolver problemas específicos que puedan surgir en el proceso de emprendimiento. Además, Bee Business pone a disposición una red de proveedores de servicios examinados personalmente, conocidos como Polinizadores de Empresas. Estos proveedores incluyen abogados, contables, artistas gráficos y creadores de software, entre otros, que pueden brindar los servicios necesarios para el desarrollo y crecimiento de los negocios.

La Polinización de Empresas de Bee Business busca proporcionar apoyo integral a emprendedores y empresas emergentes, ofreciendo seminarios gratuitos, asistencia personalizada y una red de proveedores de servicios. El objetivo final es promover el espíritu empresarial y el crecimiento económico en los pueblos y comunidades donde se desarrolla.

La Polinización de Empresas se refiere a la idea de que las empresas locales pueden llevar a cabo el desarrollo económico de manera autosuficiente, sin depender de fondos gubernamentales o filantrópicos. Esto implica diseñar estas empresas para generar suficiente flujo de caja y poder financiar sus propias actividades de desarrollo económico. En contraste, el desarrollo económico actual a menudo depende de decisiones políticas y filantrópicas, que pueden ser volubles y estar sujetas a corrupción.

La idea es que, al ser autosuficientes, estas Empresas Polinizadoras no estarán sujetas a estas limitaciones y podrán llevar a cabo su labor de fertilizar y fortalecer el ecosistema de las empresas locales.

La analogía de las abejas transportando polen de una planta a otra se utiliza para ilustrar cómo estas Empresas Polinizadoras pueden llevar los mejores elementos de una empresa a otra, fortaleciendo así todas las empresas locales y creando un ecosistema económico saludable.

La Polinización de Empresas propone que las empresas privadas asuman el papel de promotores económicos y lleven a cabo el desarrollo económico de manera autosuficiente, sin depender de fondos gubernamentales o filantrópicos.

Esto se traduce en la creación de un ecosistema económico saludable y menos propenso a la corrupción.

Empresas que llegan a las comunidades con la idea de monopolizar el mercado, cadenas de autoservicio o cadenas americanas, estas especies invasoras, es decir, Empresas Avispa, pueden destruir sistemáticamente el ecosistema local. Estas especies invasoras prosperan con subsidios que debilitan la competitividad de las empresas locales existentes y no subsidiadas. E, incluso cuando las especies invasoras finalmente desaparezcan, pueden pasar muchas décadas antes de que se recupere algo parecido al equilibrio ecológico, similar a los campos donde viven las abejas.

Las empresas socialmente responsables son aquellas que adoptan prácticas y políticas que tienen en cuenta el impacto social y medioambiental de sus acciones. Estas empresas se comprometen a ser éticas y a contribuir al desarrollo sostenible de la sociedad en la que operan pueden ser empresas familiares o cadenas locales. Las Empresas Polinizadoras Locales son aquellas cuya mayoría de propietarios viven en la misma comunidad geográfica donde se encuentra la empresa. Esta comunidad puede ser un pueblo, ciudad, área metropolitana, generalmente significa menos de veinte kilómetros de distancia para poderles llamar una Colmena.

Las Empresas Polinizadoras pueden adoptar muchas formas, incluidas corporaciones locales, organizaciones sin fines de lucro y cooperativas. La mayoría de las empresas locales son microempresas . Las empresas micro (de hasta diez personas) representaron 92.5% de las unidades económicas del total del sector, 23.2% del personal ocupado total y generaron 2.4% de la producción bruta total; es decir, muchos establecimientos generan poca producción y por eso no se les valora. En Bee Business creemos en ellas.

Las cadenas regionales pueden ser locales también, pero las cadenas nacionales no. Las franquicias que permiten al propietario mucha libertad sobre el diseño y los suministros de un punto de venta podrían considerarse locales (por ejemplo, ciertas gasolineras), pero aquellas con requisitos enciclopédicos de arriba hacia abajo (como Oxxo) no lo serían.

Salarios dignos

El tema de los salarios dignos es importante en el ámbito laboral. La creación de empleos con salarios bajos puede tener consecuencias negativas, ya que reduce los ingresos de las familias. Por otro lado, los puestos de trabajo con buenos salarios suelen ser ocupados por trabajadores que se mudan a otras comunidades en busca de mejores oportunidades.

Es importante destacar que, si invertimos nuestro dinero en negocios locales, esto puede generar suficientes ingresos para contratar talento y crear más empleos. No obstante, es necesario convencer a los empresarios de garantizar salarios justos y contratar a residentes locales en lugar de traer talento de otras partes.

El secretismo que rodea muchos acuerdos puede aumentar el riesgo de que las comunidades tomen decisiones desinformadas y no obtengan los beneficios que deberían recibir legalmente los trabajadores. Esto lleva a que los trabajadores se vayan y los negocios locales tengan dificultades para expandirse por falta de talento. Muchas comunidades, ya sean grandes o pequeñas, terminan perdiendo ofertas debido a la falta de salarios dignos. Esto implica la pérdida de tiempo, dinero y buena voluntad para ayudar a más familias. Por lo tanto, es importante promover un desarrollo económico que valore y garantice salarios justos para impulsar el bienestar de todos.

Las guerras de ofertas de empleo desvían la atención de los tomadores de decisiones de una cartera más amplia de herramientas y opciones económicas. Además, incluso para las localidades ganadoras cuyos empleos y base impositiva se expanden, los resultados de desarrollo podrían haber sido positivos si esos recursos se hubieran utilizado de manera diferente.

Bee Business, junto con economistas, considera la posibilidad de que las empresas locales puedan constituir una alternativa superior a la atracción externa de talento. En lugar de competir por más en las áreas locales, se plantea la idea de que los locales puedan comerciar tan fácilmente como las grandes empresas o cadenas comerciales y, en general, generan más ingresos para una comunidad (por unidad de comercio) que las empresas que vienen de fuera.

Esto se debe a que las empresas locales gastan una mayor parte de sus ganancias localmente.

Consejos Polinizadores

En la naturaleza, las abejas son un ejemplo perfecto de cómo el trabajo duro y la dedicación pueden llevar al éxito de todo un grupo. Cada abeja trabaja incansablemente para recolectar néctar y polen, y así contribuir al bienestar de la colmena en su conjunto. Sin embargo, si no se les da un salario digno de néctar y polen, las abejas no podrían sobrevivir y la colmena se desmoronaría. De manera similar, en el mundo de los negocios es crucial reconocer la importancia de dar salarios dignos a los trabajadores. Cuando los empleados son compensados justamente por su arduo trabajo, se sienten valorados y motivados para rendir al máximo de sus capacidades. Esto no sólo beneficia a los trabajadores en sí, sino que también contribuye al éxito y la estabilidad de la empresa en su conjunto.

Al igual que las abejas que trabajan en armonía dentro de una colmena para lograr un objetivo común, los trabajadores de una empresa también deben estar unidos y trabajar juntos para alcanzar las metas de la organización. Sin embargo, si los empleados se sienten subvalorados y mal remunerados, es probable que su desempeño y compromiso disminuyan, lo que puede afectar negativamente a la empresa en términos de productividad, calidad del trabajo y moral de los empleados. Por lo tanto, es fundamental que los empleadores reconozcan la importancia de dar salarios justos y dignos a sus trabajadores. Esto no sólo beneficia a los empleados, sino que también fortalece el ambiente laboral, fomenta la lealtad y el compromiso de los trabajadores, y contribuye al éxito a largo plazo de la empresa.

Al igual que las abejas en una colmena, los trabajadores en una empresa son una parte vital de su funcionamiento. Asegurarse de que reciban salarios dignos y justos es esencial para el bienestar y la prosperidad de todos los involucrados.

"Llegar juntos es el principio. Mantenerse juntos es el progreso. Trabajar juntos es el éxito". (Henry Ford)

Mitos de los negocios locales

El mito de la autosuficiencia: muchos empresarios locales creen que deben ser completamente autosuficientes y no depender de ninguna empresa o inversionista externo, sin embargo, en el mundo globalizado de hoy en día, es prácticamente imposible ser completamente autosuficiente. Es importante reconocer la necesidad de establecer alianzas estratégicas con empresas y personas de otras regiones o países.

***

El mito de la competencia: muchos empresarios locales tienen la creencia de que deben competir de manera agresiva y despiadada con otras empresas locales para ganar mercado, sin embargo, esta no es siempre la mejor estrategia. En lugar de enfocarse en derrotar a la competencia, es más productivo buscar colaboraciones y cooperaciones con otras empresas locales y buscar formas de diferenciarse en el mercado.

***

El mito de la falta de talento local: algunos empresarios locales sostienen que no pueden encontrar talento creativo y competente dentro de su propia región y por eso deben contratar personal de fuera, sin embargo, esto a menudo se basa en prejuicios y falta de inversión en capacitación y desarrollo de talento local. Es importante invertir en programas de formación y fomentar el emprendimiento local para promover el crecimiento económico y la generación de empleo.

***

El mito de la falta de recursos: muchos empresarios locales creen que no tienen acceso a los mismos recursos y oportunidades que las empresas llamadas AAA, sin embargo, esto no siempre es cierto. Es importante buscar y aprovechar los recursos disponibles, como programas de apoyo gubernamental, fondos de inversión, incubadoras de empresas y conexiones con organizaciones internacionales.

***

Es importante romper con estos mitos y adoptar una mentalidad más abierta y colaborativa para impulsar el desarrollo económico local. El éxito de los negocios locales depende de la capacidad de adaptarse a un entorno globalizado, establecer alianzas estratégicas, invertir en talento local y aprovechar los recursos disponibles.

Nuevo dinero

La clave para el desarrollo económico es atraer dinero nuevo a la economía. Cuando los ciudadanos compran sólo productos de empresas locales, simplemente están recirculando el dinero existente y no generando nueva riqueza. Lo que los promotores económicos olvidan es que cada peso local gastado en un bien o servicio local también puede ser un peso no gastado en importar un bien o servicio externo. Es mucho más importante para el desarrollo económico determinar cuánto de ese dinero adicional, ya sea ganado o ahorrado, continúa circulando en la economía local.

También es igualmente importante saber cuánta actividad económica local adicional genera ese dinero a través de lo que los economistas llaman el "efecto multiplicador". Este concepto es la base de la economía comunitaria. Cuanto mayor sea el multiplicador, más ingresos, riqueza y empleo se generarán a nivel local. Algunas empresas locales no han logrado adaptarse al cambio y por ende no aprovechan las oportunidades que brinda el comercio en línea.

Hemos mejorado las plataformas de venta en línea, ofreciendo opciones de entrega rápida y conveniente, así como promociones y descuentos exclusivos para atraer a los consumidores locales. Además, utilizando las redes sociales y el marketing digital podemos llegar a un público más amplio y generar conciencia sobre sus productos y servicios de nuestras comunidades .

Un problema es que las empresas locales no han encontrado formas de destacarse y diferenciarse de las grandes cadenas. Hemos enfocado nuestros esfuerzos en ofrecer tecnología para que los productos y servicios de alta calidad sean personalizados y únicos. Hemos creado alianzas con empresas desarrolladoras de tecnología para impulsar a otros negocios locales para fortalecer su presencia y atraer a más clientes. También hemos invertido en la experiencia del cliente con mapas de satisfacción para crear un ambiente acogedor y atractivo en sus establecimientos.

Otra estrategia importante que se busca utilizar en las empresas locales es la colaboración con la comunidad, participando en eventos locales, patrocinado equipos deportivos o colaborando con organizaciones benéficas. Esto es un gran atractivo para conectarse con los consumidores locales y fortalecer la lealtad hacia las marcas.

Aunque algunas empresas locales han enfrentado dificultades para competir con las grandes cadenas, adaptarse y encontrar formas de competir eficazmente en el mercado actual, a través de la innovación, la colaboración y la conexión con la comunidad han mantenido su relevancia y han logrado mantenerse competitivas a pesar de los desafíos. Así, generan nuevo dinero circulante para las comunidades.

Consejos Polinizadores

Es importante generar nuevo dinero tomando el ejemplo de las abejas en los negocios locales. En la naturaleza, las abejas juegan un papel crucial en la polinización de las plantas, lo que a su vez permite la producción de frutas, verduras y cultivos diversos. De manera similar, en el mundo de los negocios locales, la generación de nuevo dinero es esencial para mantener la economía en movimiento y promover el crecimiento y la prosperidad de la comunidad.

Al igual que las abejas recogen néctar de las flores para crear miel, los negocios locales también deben buscar formas de atraer a nuevos clientes y generar ingresos adicionales. Esto se puede lograr mediante la implementación de estrategias de marketing efectivas, la mejora de la calidad de los productos y servicios ofrecidos, y la creación de alianzas con otros negocios y organizaciones locales.

Al generar nuevo dinero, los negocios locales pueden aumentar su impacto en la comunidad al crear empleo, apoyar a proveedores locales y contribuir al desarrollo económico de la región. Además, al fomentar la circulación del dinero dentro de la comunidad, se fortalece la economía local y se crea un ciclo virtuoso de prosperidad.

Los negocios locales pueden aprender la importancia de trabajar en conjunto y de manera colaborativa para lograr objetivos comunes. Al igual que las abejas trabajan en equipo para recolectar néctar y polinizar las plantas, los empresarios locales pueden unir fuerzas para promover el crecimiento económico y la sostenibilidad de sus negocios.

La generación de nuevo dinero en los negocios locales es fundamental para garantizar su éxito a largo plazo y para impulsar el desarrollo económico de la comunidad en su conjunto. Siguiendo el ejemplo de las abejas, podemos aprender la importancia de trabajar juntos, de ser diligentes y de enfocarnos en el bienestar de la comunidad para lograr el éxito en nuestros emprendimientos locales.

"Cuando el tiempo es malo es cuando los verdaderos emprendedores surgen". (Robert Kiyosaki, fundador de Cashflow Technologies)

Negocios locales inteligentes

Apoyar a las empresas locales significa darle beneficios a la comunidad, ya que estas empresas locales contribuyen a fortalecer el comercio local y generan empleo en la comunidad. Además, si los productos y servicios locales tuvieran precios similares, o incluso más baratos que los de empresas no locales, no habría razón para no apoyar a las empresas locales.

Los grandes monopolios como las tiendas de conveniencia hacen que las empresas locales a menudo no consideren la posibilidad de que, como empresas locales en México son claramente competitivas y rentables, las microempresas son más de un tercio de la economía en México. Es decir, si todas las comunidades a nivel mundial adoptaran la mentalidad de ayudarse mutuamente

(Polinización de Empresas), todos nos beneficiaríamos de una mayor riqueza y gasto de consumo.

Apoyar a las empresas locales tiene beneficios tanto para la comunidad como para el comercio global. Si los productos y servicios locales son competitivos, no hay razón para no preferirlos y ayudar a fortalecer la economía local. La absurda manía de traer corporativos globales (Oxxo, etc.) supone una estrategia buena para el desarrollo de los municipios y para un nicho de mercado elitista y pero contraproducente para los emprendedores locales —sin olvidar el doloroso desfalco en términos de oportunidades perdidas para nuestras queridísimas empresas locales. Pero ojo, cabría pensar que quizás la mejor forma que tienen algunos negocios locales de "desarrollarse" es colándose dentro del aparato burocrático del municipio encargado de fabricar desarrollo económico; nosotros, sin embargo, depositamos nuestra fe en la posibilidad realista y significativa influencia positiva que nuestra metodología puede aportar más en nuestros amados pueblos mexicanos: si adoptamos la Polinización de Empresas, podríamos embarcarnos juntos en estas humildes propuestas:

1. Avivar con entusiasmo sincero el nacimiento y expansión coordinada de nuestras adoradas empresas locales.

2. Maximizar una autosuficiencia inmaculadamente balanceada sustituyendo importaciones

al tiempo que potenciamos exportaciones desde empresa locales.

3. Identificar esos exitosos modelos provenientes de otros municipios y hacerlos nuestros para pregonar victorias locales.

Actualmente, la estructura del desarrollo económico puede violar los principios del comercio local. El gobierno brinda un apoyo ilimitado a unas pocas empresas, lo cual afecta a todos los contribuyentes, empresas y consumidores, generando un crecimiento innecesario del gobierno y una peligrosa mezcla de fondos públicos con fines privados. Para evitar la corrupción, el desarrollo económico debe ser realizado mediante Empresas Polinizadoras, financiadas principalmente con capital privado.

Al adherirse a la disciplina del mercado y brindar servicios valiosos que son pagados por las empresas locales, los consumidores locales y los inversores locales, los promotores económicos pueden ofrecer mejores resultados a un menor costo.

El objetivo debería ser crear un ecosistema empresarial que beneficie a toda la comunidad empresarial local. Aquí es donde entran en juego Ideas Polinizadoras: planificación local, compras locales, población local, socios locales, finanzas locales y políticas públicas locales.

Consejos Polinizadores

En el mundo de los negocios, es fundamental actuar con inteligencia y ética, tomando como ejemplo el comportamiento de las abejas en una colmena. Al igual que estas trabajadoras incansables, los empresarios y emprendedores deben colaborar de manera armoniosa y organizada para lograr el éxito sin caer en la corrupción que a menudo se asocia con los gobiernos.

Las abejas son conocidas por su laboriosidad, disciplina y cooperación en la colmena. Cada una conoce su función y la realiza con precisión, contribuyendo al bienestar de toda la comunidad. De la misma manera, en el ámbito empresarial, es importante que cada individuo cumpla con sus responsabilidades de manera transparente y comprometida para que la empresa funcione de manera eficiente. Además, al igual que las abejas recogen el néctar de las flores para producir miel, en los negocios es fundamental buscar fuentes de ingresos legítimas y éticas. Evitando así caer en la tentación de recurrir a prácticas corruptas que sólo generan problemas a largo plazo.

Por otro lado, es importante recordar que las abejas también protegen su colmena de posibles amenazas, como los depredadores. De la misma manera, en el mundo de los negocios es fundamental actuar con integridad y ética, evitando cualquier tipo de corrupción que pueda dañar la reputación y el buen funcionamiento de la empresa.

Al igual que las abejas en una colmena, los empresarios y emprendedores deben trabajar de manera inteligente, ética y colaborativa para lograr el éxito sin caer en la corrupción que a menudo afecta a los gobiernos. Siguiendo el ejemplo de estos pequeños insectos laboriosos, es posible construir un entorno empresarial basado en la transparencia, la honestidad y la cooperación mutua.

"El éxito no tiene que ver con lo que tienes, sino con lo que eres". (Bo Bennet)

Planificación para negocios locales

La planificación de la Polinización de Empresas en el desarrollo económico local implica encontrar la dirección adecuada para ayudar a las comunidades o municipios a descubrir su "ventaja competitiva" en la economía global. Esto significa identificar nichos comerciales prometedores y crear grupos de empresas en torno a ellos, lo que a su vez aportará nuevo dinero a la economía local a través del aumento de las ventas en el área.

Una vez estableciendo contacto con los emprendedores y sus nichos bien definidos, se pueden seleccionar Emprendedores Polinizadores para que sean la bandera de la Polinización de Empresas y organizar viajes a lugares remotos donde se encuentran ubicados los nuevos proyectos por descubrir. Todo el proceso de planificación también implica realizar estudios para mejorar el entorno empresarial local, mediante recomendaciones para impulsar la educación, infraestructura y aumentar la economía local en México.

La planificación para un desarrollo económico local saludable requiere pensar y actuar de manera diferente. Un Polinizador Local debe adoptar un conjunto diferente de supuestos básicos: primero, tiene que ser un empresario o emprendedor, o alguien que se tome en serio ayudar a otros empresarios, y tener en cuenta que es un servicio a la comunidad local. Si la economía va bien, también le irá mejor a él.

La Polinización de Empresas se refiere a la estrategia de ignorar a grandes empresas globales que solicitan grandes incentivos y que perjudican a los negocios locales. Esto implica tomar varios pasos secuenciales, como encontrar indicadores objetivos para medir si la comunidad está avanzando o retrocediendo en relación a sus metas. También implica hacer inventarios de los diferentes activos de la comunidad, buscar que la taza de fracaso baje año con año, y llamar la atención de los empresarios locales para que se sumen a fomentar el entusiasmo por trabajar juntos. La Polinización de Empresas busca identificar las filtraciones económicas, que son todas las salidas de dinero de la comunidad.

Nuestro objetivo es que el dinero se quede aquí. La estrategia de la Polinización de Empresas es sencilla: que al ayudar a través de compras locales se incremente el multiplicador económico local. Podemos crear y expandir las mejores empresas locales que tapen las mayores fugas.

Sin embargo, este enfoque de planificación no puede realizarse automáticamente y requiere la aplicación de la Polinización de Empresas y la menor dependencia de los gobiernos: personas, socios, compras, fondos privados y trabajo de networking.

No es necesario depender de la buena voluntad de personas externas para hacer crecer la economía local, ni tampoco es necesario exponerse a los riesgos de su avaricia, ya que los resultados llegarán si se hace una buena planeación.

Es admirable el propósito no sólo de fortalecer nuestras finanzas regionales sino que también nos gustaría ayudar a pensar más en positivo sobre nuestro crecimiento (como turismo, manufactura local, nuestros excelsos servicios y sobre todo en tecnología innovadora, aprovechando a nuestros talentos en la universidades locales).

Mi llamado es a los departamentos de planificación en la universidades apoyar a ese profesor excéntrico que enseña este tema de apoyar a los negocios locales, pero la gran mayoría de los profesores y cursos (muchos de los cuales son obligatorios) están irremediablemente atrapados en el paradigma dominante de que una taquería, tortillería o tienda de abarrotes, etc., no entra en estos temas. El problema es que no enseñan a tener una comprensión coherente del papel crítico de las empresas locales en la economía comunitaria. A estos programas de las universidades no creo que les importe abrir una materia donde se ofrezca un apoyo para las ideas de planificación que promuevan el desarrollo económico local.

La mayoría de los Polinizadores de Empresas están capacitados y certificados, aunque muchos terminan trabajando para gobiernos estatales y locales, administrando sistemas de transporte, alcantarillado, servicios públicos de electricidad y agua, distribución de internet y otras formas de infraestructura pública. Algunos posibles Polinizadores se dedican a ayudar con su talento a las empresas privadas y asumen el papel de desarrolladores de proyectos a empresas grandes y cambian todo su talento por dinero.

Dado que la misión de los posibles Polinizadores y ahora privados suele ser beneficiar al pequeño número de empresas con bastante dinero que los contratan, en lugar de ayudar a todas las empresas locales, ellos podrán llamarse Polinizadores pero no lo son. Sólo un pequeño grupo de Polinizadores de Empresas está reinventando la profesión y mostrando cómo es posible prosperar profesionalmente mientras se planifica para toda la economía local. A algunos, como empresarios amigos míos en Puerto Vallarta, los puedo llamar Polinizadores de Empresas porque buscan el bien común de sus empresas y de los negocios locales y siempre están ahí para apoyar con Polen Empresarial.

Mi aprecio por lo que hacen estos pioneros se ha visto profundizado por mis propios esfuerzos por predicar con el ejemplo de los Polinizadores de planificación. Y ahí es donde me gustaría comenzar.

Consejos Polinizadores

La planificación de los negocios locales es fundamental para el éxito y el crecimiento sostenible de cualquier empresa. Al igual que las abejas son una parte crucial de nuestro ecosistema, la planificación cuidadosa y estratégica es esencial para el desarrollo y la supervivencia a largo plazo de los negocios locales.

De manera similar, los negocios locales son una parte integral de la comunidad y economía locales, y su éxito contribuye al bienestar general de la sociedad. Al igual que las abejas necesitan planificar y organizarse para llevar a cabo su labor de forma eficiente, los empresarios locales deben tener un plan de negocios sólido y bien estructurado para alcanzar sus objetivos y mantenerse competitivos en el mercado. Esto implica identificar las necesidades del mercado, establecer metas realistas, gestionar eficazmente los recursos y adaptarse a los cambios en el entorno empresarial. Además, al igual que las abejas trabajan en colaboración y se comunican entre sí para maximizar su productividad, los empresarios locales también deben enfocarse en construir relaciones sólidas con clientes, proveedores y colaboradores para garantizar el éxito a largo plazo de sus negocios.

La sostenibilidad también es un aspecto importante a considerar, tanto para las abejas en su papel crucial en el ecosistema como para los negocios locales en su contribución al desarrollo sostenible de la comunidad. La planificación estratégica puede ayudar a los empresarios a identificar oportunidades de crecimiento y diversificación que sean respetuosas con el medio ambiente y socialmente responsables.

La planificación cuidadosa y estratégica es esencial para el éxito a largo plazo de los negocios locales. Tomar como ejemplo a las abejas nos recuerda la importancia de trabajar en armonía con nuestro entorno y de planificar con visión de futuro para asegurar el éxito y la sostenibilidad de nuestras empresas en el futuro.

"No te limites a ti mismo. Muchas personas se limitan a hacer aquello que creen que pueden hacer. Ve tan lejos como tu mente te lo permita. Recuerda que, si lo crees, también lo puedes lograr". (Mary Kay)

Ventas

Entrarse en la acción del consumidor tiene sentido, ya que un consumidor toma decisiones de compra diariamente. Si una fracción modesta de los consumidores de una comunidad destina una fracción modesta de sus gastos a las empresas locales, el impulso económico puede ser extraordinario, lo que puede verse en las colonias menos populares de los municipios de México, tomando por ejemplo mis colonias de Puerto Vallarta, Coapinole, Mojoneras, Ixtapa y las Juntas, entre otras que no figuran como economía del Puerto pero generan el 90% de los ingresos del comercio local. Tú sabes de que tipo de colonias estoy hablando dependiendo el lugar donde estás ahora leyendo este libro.

Muchas empresas locales sin alianzas comerciales formales también están promoviendo las compras locales a través de mercados de agricultores, cooperativas, uniones de crédito, etc. Te invitamos a caminar por cualquier zona del centro de tu municipio, incluso en una pequeña comunidad rural, y no verás ningún cartel o publicidad que anime a los residentes a comprar productos locales simplemente porque nadie les ha dicho cómo. Tiendas de abarrotes, tortillerías, cremerías y fruterías con carteles de <CONSUME LOCAL> fomentarán ese entusiasmo. Sitios web que puedan dirigir a los consumidores a restaurantes locales que sirven comida local o ayudarles con campañas para que estén en Google Maps, y si no se encuentran, anímalos a darse de alta .

Buscamos que los ciudadanos ayuden con anuncios de servicio público a los negocios locales con oradores de mente abierta, artículos de negocios locales con una hermosa historia, calcomanías en los autos, o lo que sea, lo importante es hacer algo.

Las tarjetas de regalo son una excelente opción para los negocios locales, ya que ofrecen la oportunidad de fidelizar a los clientes existentes y atraer a nuevos clientes. Estas tarjetas permiten a los clientes comprar productos o servicios en el negocio local y son una alternativa atractiva a los descuentos, promoviendo no sólo la lealtad de los clientes existentes, sino brindando la oportunidad de recomendar el negocio a sus amigos y familiares. Además, las tarjetas de regalo también pueden utilizarse como una estrategia de marketing para atraer a nuevos clientes. Por ejemplo, se pueden realizar sorteos o concursos en las redes sociales donde se regalen tarjetas de regalo a los ganadores, esto genera interés y permite que más personas conozcan el negocio y lo prueben.

Otra ventaja de las tarjetas de regalo es que ofrecen flexibilidad al cliente. Pueden utilizar el valor de la tarjeta en diferentes visitas al negocio, lo que les permite planificar sus compras de acuerdo a sus necesidades y preferencias. Las tarjetas de regalo son una herramienta efectiva para promover y fidelizar a los clientes de negocios locales. Con ellas se puede evitar la necesidad de ofrecer grandes descuentos y, al mismo tiempo, brindar una opción atractiva para los clientes existentes y potenciales. Una tarjeta de regalo no impone tarifas a las empresas locales, a diferencia de las tarjetas de débito o crédito. Además, las tarjetas de regalo pueden utilizarse como tácticas de cierre de ventas.

En las zonas rurales y municipios de México (hablamos por los que nosotros hemos visitado), Talpa de Allende, Jalisco; Bahía de Banderas, Nayarit; Tepic, Nayarit; Acaponeta, Nayarit; Tecuala, Nayarit, podríamos elaborar periódicos gratuitos en envoltorios coloridos sobre los jardines de la gente con artículos sobre la vida civil local, todos respaldados por publicidad también local.

El crecimiento de la publicidad de bajo costo en internet, a través de sitios como Facebook, ha desafiado estos modelos, del mismo modo que ha desafiado a toda la industria periodística, pero la palabra escrita todavía se valora en las comunidades pequeñas y rurales. Los Semanarios

Polinizadores pueden tener algunas historias sobre negocios locales, los mariscos hechos de una manera singular o las mejores carnitas del centro. Todavía tenemos que buscar el cómo, pero un semanario exitoso con una clara Misión Polinizadora de movilizar al público para que compre productos locales puede ser una gran opción.

Quizás el Polinizador más cercano que yo conozco, en cuanto a medios de comunicación, sea la revista Sea View Magazine, cuyo objetivo no es sólo la muestra de gastronomía, también promueve el valor de la lectura, así como busca mostrarle a los lectores locales todo lo que hay fuera de Puerto Vallarta, por eso ponen artículos de lugares de todo el mundo. Las historias venden más y dan color a las comunidades, generalmente sobre los beneficios de la comida local.

Si se utilizan estratégicamente, internet puede ser un amigo confiable que les permita llegar a un público más amplio, expandirse a nivel global y aumentar sus ventas. Las páginas web llamadas *listing* son un tipo de directorio o índice de sitios que proporciona información sobre sitios web dentro de ella, generalmente organizada por categorías o temas. En este caso, se les puede dar un apartado web donde ellos puedan editar su propia página.

Los listados web pueden ser directorios generales o directorios especializados que se enfocan en un nicho o tema en particular. En este caso, para la Polinización de

Empresas, sería para la activación de ventas en línea enfocado a los negocios locales.

El propósito de una *listing* es ayudar a los usuarios a encontrar sitios web e información relevante en línea de los negocios locales o rurales alejados por la falta de comunicación de carreteras o la falta de acceso a ellas. Al navegar por una *listing*, los usuarios pueden descubrir nuevos sitios web en diferentes comunidades, relacionados con sus intereses y navegar a esos sitios web dentro de una misma base de datos compartida llamada colmenaapp. com. Las *listing* también pueden ser útiles para los propietarios que desean mejorar su visibilidad y atraer más visitantes a sus localidades. Aparecer en un directorio web relevante puede ayudar a vender en línea a otros lugares.

Para que internet sea un amigo confiable para las empresas locales, es importante que desarrollen una sólida presencia en línea, la idea es ayudarles con estrategias de marketing digital efectivas para que establezcan medidas de seguridad adecuadas. También es esencial que las empresas locales aprovechen las oportunidades que los Empresarios Polinizadores pondrán en la mesa para ayudarles a que puedan interactuar directamente con los clientes a través de las redes sociales o de vender productos y servicios en línea en la colmenaapp.com.

Los consumidores de las pequeñas comunidades ahora son más inteligentes. Los factores por sí solos a menudo motivan a un Consumidor Polinizador local actual a gastar un poco más en un artículo de una empresa local confiable, pero la próxima generación de consumidores de la generación Z podría no sólo ser inteligente sino también tener principios morales.

Aquí algo de información, ya que este libro está siendo escrito en 2024 y quizás tengamos que hacer una nueva edición pronto.

Características que hacen a la generación Z única:

- Son nativos digitales

- Entre sus principales características destaca que esta generación tiene muy arraigado todo lo involucrado a la tecnología. Cuántas veces no hemos escuchado que a personas de esta edad se les dice que vienen con un chip integrado o cosas similares.

- Son consumidores astutos

- Como consumidores, el comportamiento de la generación Z refleja sus valores y la influencia de un mundo cada vez más digital.

- Son conscientes de su privacidad

- Han crecido comprendiendo perfectamente la línea que separa lo público de lo privado en la red y, por tanto, protegen su intimidad con sumo cuidado.

- Son emprendedores y están preocupados por sus propias perspectivas del futuro

- Otra característica es que es una generación muy emprendedora y un porcentaje de ellos cree que no necesariamente debe estudiar para llegar al éxito profesional.

- Hacen hincapié en la responsabilidad

- Tienden además a preocuparse por el medio ambiente y el futuro, lo cual los lleva a mantener una cultura ambientalista.

En nuestra experiencia, es importante enfocarnos en el futuro, ya que tarde o temprano nos alineamos a lo que tenemos en el presente.

Un número de personas cada vez mayor ya se preocupa por cómo se fabricó un producto. ¿La empresa arroja tóxicos al océano? ¿Están apoyando a políticos desagradables? Y, por supuesto: ¿la empresa a la que le voy a comprar apoya a la comunidad?, ¿contrata personal local?, ¿contribuye a organizaciones benéficas locales?, ¿paga impuestos locales?

Los Polinizadores Compradores se dan cada vez más cuenta de que la lealtad basada en el precio es superficial y fugaz. La lealtad debe basarse en compras inteligentes y en una visión inspiradora, como comprar al municipio, comunidad rural o al pueblo mágico a donde pertenecen.

Consejos Polinizadores

La importancia de las ventas en los negocios locales es fundamental para su éxito y crecimiento a largo plazo. Tomando como ejemplo a las abejas en su forma de vender, podemos aprender lecciones valiosas sobre la eficacia de las estrategias de venta en la naturaleza.

Las abejas son conocidas por su capacidad para recolectar néctar de las flores y convertirlo en miel para su colmena. Este proceso de recolección y venta de productos es esencial para la supervivencia de la colmena y para garantizar su crecimiento y desarrollo continuo. De manera similar, en los negocios locales, la venta de productos o servicios es fundamental para generar ingresos, atraer nuevos clientes y fidelizar a los existentes. Al igual que las abejas, los negocios locales deben tener estrategias efectivas de venta para alcanzar sus objetivos comerciales. Esto incluye identificar a su público objetivo, comprender sus necesidades y deseos, y ofrecer soluciones que satisfagan sus demandas.

Las abejas son expertas en identificar las flores con el néctar más dulce y en comunicarse entre sí para compartir esta información. En los negocios locales, la comunicación efectiva y la colaboración entre los diferentes departamentos son clave para garantizar el éxito en las ventas. Además, las abejas son trabajadoras incansables que no se detienen hasta completar su misión de recolectar néctar y llevarlo de regreso a la colmena. En los negocios locales, la perseverancia y la determinación son cualidades importantes para los equipos de ventas que deben esforzarse por alcanzar sus metas y superar los obstáculos que se les presenten en el camino.

Las abejas nos enseñan la importancia de las ventas en los negocios locales y la necesidad de tener estrategias efectivas para lograr el éxito. Al seguir el ejemplo de las abejas en su forma de vender, los negocios pueden alcanzar sus objetivos y mantenerse competitivos en un mercado cada vez más exigente.

"Mi más grande motivación es seguir retándome a mí mismo. Veo la vida como la educación universitaria más larga que he tenido. Todos los días aprendo algo nuevo". (Richard Branson)

Entrenando a las empresas locales

La apertura digital, ya sea cursos en línea de paga o gratuitos, como podemos encontrar en plataformas como YouTube u otras, ha generado muchos tipos de programas que proporcionan educación a posibles empresarios, incluidos cursos, mentores, incubadoras y programas de desarrollo de la fuerza laboral, todos destinados a transformar la capacidad humana en producción local próspera. La pregunta es, ¿estamos aprovechando eso?

Ahora hablemos de los talentos locales, estudiantes con Visión Polinizadora que están a punto de salir de la universidad o bachillerato con una especialidad, ya listos para trabajar. Pero los convencionales planes de estudio a veces se descarrilan cuando convencen a los graduados de que el éxito significa hacer que tengan una visión de crecimiento rápido, aceptando puestos de trabajo con sueldos y abandonando la comunidad de origen.

Nosotros, en Bee Business, somos expertos capacitadores, queremos resolver un problema que aqueja a la falta de retención de talento. Muchos egresados salen con una visión de crear empresas y productos, pero es posible que nunca lleguen a integrarse completamente en la comunidad. En nuestra experiencia como abarroteros, hemos visto infinidad de personas que lanzan productos como salsas, quesos, aguas frescas, productos naturales, y todos de muy buena calidad, ¿y qué pasa? Simplemente se dan por vencidos. Eso significa que cuando terminan su licenciatura, o diplomado, entran con gran entusiasmo para lanzar su producto, pero no consiguen la lealtad de los clientes locales y se mudan a otros lugares por falta de apoyo.

¡Despierta y huele las tortillas calientitas de la fonda de la esquina!

Los Compradores Polinizadores se centran exclusivamente en las empresas locales que ya están integradas en el tejido de su comunidad. Hay que estar orgullosos de nuestra propia comunidad, comencemos apoyando a los negocios de la cuadra, ahora mismo, podemos poner una reseñas y hacer una recomendación masivas.

Hay que recordar las capacitaciones, como programas de MBA[3]. Adentrarse en un MBA tradicional sin contar previamente con un modelo de negocios sólido y un producto mínimo viable puede resultar contraproducente. La verdad es que no será una inversión eficaz si no cuentas con un entorno donde puedas implementar los conocimientos obtenidos. No obstante, existen alternativas dirigidas a emprendedores deseosos por cursar temáticas relacionadas con MBA, pero centradas en el apoyo a empresas locales.

Un ejemplo destacado es Bee Business y su metodología basada en impulsar las empresas mediante la Polinización. Nosotros nos especializamos y entregamos nuestro máximo esfuerzo para potenciar a emprendedores sociales que buscan establecer empresas comunitarias. Para ello ofrecemos acceso a las herramientas más avanzadas disponibles actualmente como finanzas, marketing, recursos humanos y estructura organizativa (llamadas Polen). Para comprender si Bee Business puede ser llamada una asistencia a los negocios locales, nos vemos obligados a reflexionar: ¿cuántos dueños de empresas van a abandonar sus negocios este año? La búsqueda de programas más modestos y especializados parece una alternativa, sin embargo, su rareza se suma a un costo que usualmente ronda los veinte mil pesos mexicanos, un monto que muchos consideran excepcionalmente elevado. El camino

---

[3] Master in Business Administration

221

hacia la integración de educación empresarial en un entorno escolar que encarne más eficazmente el Modelo de Polinización se lleva a cabo a través del programa de Desarrollo Económico Comunitario.

Este programa está financiado principalmente por las administraciones municipales y se orienta a un plan de estudios, alineado a su gobernanza, activando los negocios locales. Sin embargo, otro incentivo de los emprendedores para que extiendan sus horizontes más allá del marco municipal es hacer grupos en cooperativas o cámaras de comercio locales respetando e incorporando al mismo tiempo la cultura propia del lugar.

A pesar de que la mayoría de los programas de emprendimiento están orientados a adultos, no se puede negar el creciente entusiasmo y participación juvenil en esta área. México ha demostrado ser un líder impresionante al implementar diversos programas centrados en "emprendimiento juvenil" repartidos por una variedad de municipios. Un destacable ejemplo es nuestra metodología Bee Business, dedicada a instilar habilidades empresariales fundamentales en cientos de miles de jóvenes, enfocándonos particularmente en ayudar a las comunidades desfavorecidas económicamente.

Como fundadores de Bee Business hay que mantener alta la esperanza; aspiramos a movilizar no sólo millones de pesos sino cientos de millones de pesos, recursos provenientes tanto del gobierno como de fundaciones privadas para extender el alcance y beneficio hacia nuestra juventud mexicana promoviendo su inclusión activa estos programas llenos potencial. Sí, es posible convertir estos programas en Polinizadores autofinanciados. Para lograrlo, se podría implementar un modelo de negocio sostenible que genere ingresos para financiarlos. Una opción podría ser establecer alianzas con empresas locales que estén dispuestas a pagar por los servicios de capacitación y asesoramiento de los jóvenes rurales en el desarrollo de negocios sustentables. De esta manera, los jóvenes podrían ganar experiencia y generar ingresos a través de proyectos concretos, a la vez que ayudan a mejorar las finanzas de sus comunidades. Además, serían capacitados para convertirse en Bee Polinizadores, lo que significa que podrían impartir conocimientos y habilidades a otras Abejas de su comunidad, generando así un ciclo de aprendizaje continuo y sostenible. Esta forma de educación emprendedora permitiría no sólo reconstruir las finanzas de las comunidades, sino fortalecer sus instalaciones y programas de capacitación.

Es importante destacar que este enfoque requeriría un esfuerzo colaborativo entre organizaciones educativas, gubernamentales y empresariales, así como la participación activa de los jóvenes y las comunidades rurales. Sumado a esto, a través de este modelo de escuela de negocios, se podría potenciar el desarrollo económico y social de las comunidades rurales de bajos ingresos, ofreciéndoles oportunidades de crecimiento y contribuyendo a su bienestar a largo plazo. Esto significa que, en lugar de simplemente ofrecer formación y desarrollo de habilidades a individuos, también se involucra en la promoción del emprendimiento y la creación de nuevos negocios.

El Bee Polinizador de Personas puede brindar capacitación en aspectos clave del emprendimiento como la planificación de negocios, la estrategia de marketing, la gestión financiera y otras habilidades empresariales. Además puede ofrecer asesoramiento y orientación personalizada a aquellos que tienen ideas o proyectos empresariales en mente. El objetivo principal del Bee Polinizador de Personas es permitir que las personas se conviertan en emprendedores exitosos, brindándoles las herramientas y el conocimiento necesarios para iniciar y hacer crecer su propia empresa. Al generar nuevas empresas locales en la comunidad se crea un efecto positivo en términos de empleo, crecimiento económico y desarrollo sostenible. Un Bee Polinizador de Personas va más allá de la capacitación interna y se enfoca en generar nuevas empresas locales en la comunidad, contribuyendo así al desarrollo económico y social de la región.

El nuevo estilo de vida para los negocios locales significa conocer a los empleados y clientes para mejorar constantemente nuestros productos y servicios, satisfacer las necesidades de la comunidad en la que estamos ubicados poniéndola en el mapa. Algunos piensan que quedarse local significa renunciar al crecimiento, pero sabemos que nunca es tarde para comenzar y preparar un plan estratégico para hacer crecer las empresas en base a las ventas que se generan en nuestros municipios. Buscamos oportunidades de valor añadido para nuestros negocios locales. Buscamos tener contactos dentro de los desarrollos económicos en los gobiernos municipales como una empresa de consultoría externa, centrándonos inicialmente en enseñar el enfoque de un buen servicio al cliente y desarrollo de modelos de negocios que aporten diferenciadores a los municipios.

Consejos Polinizadores

Las abejas son conocidas por su increíble habilidad para comunicarse entre sí y coordinar sus esfuerzos para garantizar la eficiencia y éxito de la colmena. De manera similar, los negocios locales pueden mejorar su desempeño al comunicarse de manera efectiva entre ellos y colaborar en lugar de competir. Al trabajar juntos, los negocios locales pueden aprovechar sus habilidades individuales y recursos para fortalecerse mutuamente y enfrentar los desafíos en común.

Al igual que las abejas juegan un papel crucial en la polinización de las plantas y en el equilibrio del ecosistema, los negocios locales también tienen un impacto significativo en sus comunidades y en la economía local. Al capacitar a los negocios locales y brindarles las herramientas necesarias para prosperar, se está fortaleciendo la economía local y promoviendo un desarrollo sostenible.

En la historia de la evolución, las abejas han demostrado ser una especie resiliente y adaptable, capaz de sobrevivir y prosperar en diferentes entornos y condiciones. Los negocios locales pueden aprender de este ejemplo y trabajar en su capacidad de adaptación y resiliencia para enfrentar los cambios y desafíos en el mercado.

La importancia de capacitar a los negocios locales tomando como ejemplo a las abejas en la evolución de la historia radica en la necesidad de trabajar en colaboración, comunicarse eficazmente, tener un impacto positivo en la comunidad y desarrollar habilidades de adaptación y resiliencia para prosperar en un entorno empresarial cambiante. Al seguir el ejemplo de las abejas, los negocios locales pueden fortalecerse y contribuir al crecimiento sostenible de sus comunidades.

"La educación formal te dará con qué vivir; la experiencia te dará una fortuna". (Jim Rohn)

Networking estratégico

El networking estratégico nos invita a entusiasmarnos al hacer uso de las habilidades únicas que cada empresa trae a la mesa, juntando esfuerzos para impulsar una mejora económica fuerte y duradera en nuestra vibrante comunidad empresarial. En lugar de desgastarse compitiendo entre nosotros, elegimos animarnos unos a otros compartiendo recursos, sabiduría y oportunidades.

Nuestros Bee Polinizadores Asociados son héroes clave en este escenario caracterizado por la colaboración. Prestan su valiosa ayuda organizando e infundiendo vigor en los equipos formados por negocios locales. Estas brigadas lideran el camino para que diferentes empresas se unan en proyectos emocionantes, compartiendo conocimientos y aprendizajes fructíferos conjuntos. La filosofía brillante detrás radica en el hecho de que juntos estamos mejor situados para disfrutar beneficios sustanciales a diferencia de cuando lo intentamos individualmente. Reforzando nuestra red local de empresas podemos embellecer aún más nuestra economía con miras hacia una equidad sostenible.

Tenemos como objetivo estimular relaciones satisfactorias entre todos aquellos tenaces negocios locales dentro de nuestra ciudad, con apoyo constante e inspirador proporcionado por nuestros queridos Bee Polinizadores Asociados. Así podremos aprovechar todo lo positivo otorgado individualmente por cada empresa fortaleciendo un sistema económico menos vulnerable pero más sólido y sostenible para todos.

El Networking estratégico de Bee Business consiste en establecer relaciones comerciales estratégicas con emprendedores y empresas locales, con el objetivo de promover la compra local y fortalecer el empoderamiento de los emprendedores locales. Esta estrategia se realiza sin costo de membresía, pero requiere una inversión de tiempo de calidad para capacitarse.

El enfoque principal es generar alianzas comerciales locales, donde los emprendedores y empresas se apoyen mutuamente, compartan recursos y conocimientos, y promuevan sus productos y servicios dentro de la comunidad local. A través de estas alianzas, se busca fortalecer la economía local, crear empleo y promover el crecimiento y desarrollo de los emprendedores locales. Para lograr una nueva generación de alianzas comerciales locales es necesario fomentar la formación y capacitación de los emprendedores. Esto incluye ofrecer programas de capacitación en marketing, ventas, finanzas y otras áreas importantes para el éxito de un negocio. Asimismo, se busca promover la cultura de la compra local, educando a los consumidores sobre los beneficios de apoyar a los emprendedores locales y fomentando la creación de redes de comercio justo y sostenible.

Para Bee Business, el networking estratégico busca polinizar el ecosistema emprendedor local a través de alianzas comerciales sin costo de membresía pero con una inversión de tiempo para capacitarse. Promueve la compra local, el empoderamiento de los emprendedores y busca crear una nueva generación de alianzas comerciales locales que impulsen el crecimiento y desarrollo de la economía local. Esta puede parecerte una iniciativa no tan innovadora, pero sí lo es para las comunidades alejadas. Un networking estratégico tiene como objetivo transformar la forma en que narramos historias dentro de nuestra comunidad, a través de blogs diarios en la web del municipio, como testimonios.

Los lectores del contenido web tendrán el entusiásmate privilegio de elegir sus favoritos durante un periodo estimulante de tres meses. Esta plataforma pretende ser una herramienta comunicativa eficaz que permitirá compartir y reconocer una amplia variedad de historias en el municipio.

Para celebrar el gran triunfo de esta aventura, se puede hacer una cena festiva donde se otorgue el premio al mejor negocio local. En este evento, ocho Bees destacados recibirán las codiciadas estatuillas "Bee Local", hechas artesanalmente y con forma inspirada por los Poliniza-dores Artesanos del municipio. Asimismo, los ganadores disfrutarán también del privilegio especial hacia nuevos horizontes, ya que su trabajo será destacado en la sec-ción empresarial del periódico local, lo cual resultará en reconocimiento adicional al alcanzar un público más diversificado e invitará a conocer su labor excepcional aún más extensamente.

En este networking estratégico se llevarán charlas temáticas muy interesantes sobre desarrollo económico comunitario para fomentar y contribuir con nuestro grano de arena haciendo consciencia acerca de lo importante y significativo que es promover el crecimiento para reducir la pobreza.

Estatuillas "Bee Local" implica aumentar potencial comunicativo; rendimos tributo a autores que resaltan las dimensiones importantes del trabajo al impulsar el creci-miento económico de nuestra amada localidad.

Consejos Polinizadores

Uno de los factores clave en el éxito de las empresas locales es la capacidad de establecer un networking estratégico y así relacionarse con otras empresas interesadas en la comunidad.

Así como las abejas dependen de otros polinizadores para garantizar el éxito de su colmena, las empresas locales pueden beneficiarse enormemente al formar asociaciones y colaboraciones con otras empresas, organizaciones e individuos en su área. Establecer conexiones en la comunidad empresarial local puede generar una mayor visibilidad, oportunidades de establecimiento de contactos y acceso a nuevos mercados. Al trabajar juntas, las empresas pueden aprovechar las fortalezas y recursos de cada una para crear una economía local más sólida y próspera. Así como las abejas trabajan junto con otros polinizadores para garantizar la diversidad y la salud de su ecosistema, las empresas locales pueden lograr el éxito colaborando con sus pares y apoyándose mutuamente en su crecimiento y desarrollo. Además, establecer conexiones en la comunidad empresarial local también puede conducir a una mayor innovación y creatividad. Al colaborar con otras empresas y compartir ideas y mejores prácticas, los emprendedores pueden obtener nuevas perspectivas y conocimientos que pueden ayudarles a resolver problemas, mejorar sus productos o servicios y mantenerse por delante de la competencia.

Así como las abejas dependen de otros polinizadores para realizar polinización cruzada y crear plantas más fuertes y resilientes, las empresas locales pueden beneficiarse de la polinización cruzada de ideas y experiencia para impulsar la innovación y el crecimiento. Establecer un networking estratégico en la comunidad empresarial local es esencial para el éxito y la sostenibilidad de las pequeñas empresas.

Así como las abejas trabajan junto con otros polinizadores para garantizar la salud y la diversidad de su ecosistema, las empresas locales pueden prosperar colaborando con sus pares, estableciendo relaciones con otras partes interesadas y trabajando juntas para crear una economía más vibrante y resiliente.

"El objetivo de un buen líder debe ser crear más líderes, no más seguidores". (Ralph Nader)

LA COLMENA

Tecnología para los negocios locales

Las compañías locales están en una lucha continua por no solamente competir en términos de precio, sino también en conveniencia, pues es indudable que la valoración del tiempo personal de los consumidores ha cobrado gran relevancia.

Un posible remedio ante este acertijo podría hallarse en los servicios locales dedicados a las entregas domiciliarias o mandaditos capaces de ofrecer exactamente eso que se busca dentro del marco temporal estipulado con tal solo una hora.

¿Te imaginas buscar en línea algún servicio de entrega a domicilio que conecte municipios entre sí y pueda llevar las medicinas que no están disponibles en tu comunidad hasta tu casa? Colmena App es una tienda en línea que ofrece entrega rápida de medicamentos, insumos y otros productos como comida. Haces el pedido y, en menos de una hora, el Bee Recolector llega a tu puerta con la medicina que necesitas, ahorrando tiempo.

Estas experiencias cuentan, pues no sólo nos ahorra tiempo y esfuerzo, sino que también nos permite obtener productos que necesitamos de manera rápida y eficiente, en línea, conectando con otras comunidades y eliminando coyotes o intermediarios.

Con la tecnología de Bee Business y su Colmena App de comercio electrónico, queremos que cada negocio local ofrezcan servicios de entrega hasta la puerta con una amplia variedad de productos. Ya no estamos limitados a recibir sólo pizza y comida china en una hora, sino que podemos recibir desde ropa y electrónicos hasta productos de belleza y comestibles. La entrega a domicilio de la Colmena App quiere cambiar la forma en que hacemos nuestras compras. Ya no tenemos que salir de casa para obtener lo que necesitamos, podemos simplemente hacer un pedido en Colmena App y esperar a que llegue a nuestra puerta.

Esto es especialmente beneficioso para personas con movilidad reducida, padres ocupados o aquellos que viven en áreas rurales donde no hay tiendas cercanas. Además, la entrega a domicilio también nos permite acceder a una amplia variedad de productos que de otra manera no estarían disponibles en nuestra ubicación. Podemos comprar productos de otras partes fácilmente y recibirlos en nuestra puerta. Esto nos ahorra tiempo, esfuerzo y nos permite acceder a productos que de otra manera no estarían disponibles para nosotros.

Consejos Polinizadores

En la era digital en la que vivimos, el comercio electrónico se ha convertido en una herramienta fundamental para los negocios locales que deseen expandir su alcance y llegar a un público más amplio. Para que un negocio local enfocado en las abejas tenga éxito en el comercio electrónico con servicio a domicilio, es importante saber que tenemos una app lista y fácil de usar que es segura para que los Consumidores Polinizadores locales realicen sus pedidos.

Otro aspecto clave para el éxito de nuestra aplicación es la promoción y marketing adecuado. Utilizamos estrategias de marketing digital para dar a conocer el negocio y los productos a un público más amplio. A esto se le incluyen redes sociales, marketing de contenidos, publicidad en línea, entre otras técnicas. Además, es importante que ofrezcamos una amplia variedad de productos de calidad para satisfacer las necesidades y también se puede conectar con cooperativas para eliminar los intermediarios.

El comercio electrónico para los negocios locales enfocados a trabajar como abejas con servicio a domicilio puede ser exitoso si se cuenta con una plataforma en línea segura y fácil de usar, un sistema logístico eficiente, estrategias efectivas de marketing y una amplia variedad de productos de calidad.

Con estos elementos en su lugar, un negocio local puede expandir su alcance y aumentar sus ventas de manera significativa.

"No importa qué tan brillante sea tu estrategia; si juegas en solitario, siempre perderás contra un equipo". (Reid Hoffman)

No les des pescado, mejor enséñales a pescar

La frase "No alimentes a un hombre hambriento con un pescado, dale una caña de pescar y enséñale a pescar" busca transmitir la importancia de brindar las herramientas necesarias para que las personas puedan valerse por sí mismas en lugar de depender de la ayuda constante de otros.

Desde nuestra experiencia como pescadores, consideramos que la mejor manera de ayudar a las cooperativas de pescadores en ranchos o municipios en dificultades es abriendo el comercio sin depender de intermediarios. Esto permitiría que los consumidores finales apoyen directamente a los pescadores comprando sus productos, lo que a su vez les ayudaría a desarrollar sus negocios pesqueros.

Eliminar a los intermediarios en el comercio, como distribuidores y minoristas, permitiría que los pescadores obtengan un mayor margen de ganancia por sus productos. Esto les daría la oportunidad de reinvertir en sus embarcaciones, equipos y capacitación, lo que a su vez mejoraría su productividad y calidad de los productos. Además, al establecer una relación directa entre los consumidores finales y los pescadores, se reducirían los costos para ambos. Los consumidores podrían adquirir los productos a precios más justos, mientras que los pescadores recibirán un pago adecuado por su trabajo. Esto también promovería la transparencia en la cadena de suministro y garantizaría que los consumidores están comprando productos frescos y de calidad.

Para fomentar este tipo de comercio directo es importante contar con el apoyo de las autoridades locales y establecer canales de comunicación eficientes entre los pescadores y los consumidores. También se podrían implementar programas de capacitación y asesoramiento para ayudar a los pescadores a desarrollar habilidades empresariales y mejorar la comercialización de sus productos.

Al abrir el comercio sin intermediarios, los consumidores finales pueden brindar un apoyo directo a los pescadores de cooperativas en ranchos o municipios en dificultades. Los Bee Polinizadores son clave para mejorar la eficiencia de las empresas pesqueras y desarrollar ideas innovadoras, lo importante es difundir esta idea para promover un enfoque más sostenible en la pesca. Además, debemos promover la difusión de Polinizadores humanos, es decir, fomentar la capacitación y formación de los pescadores para que sean más eficaces e innovadores en su trabajo.

Asimismo, se debe garantizar que una mayor parte del procesamiento del pescado con valor agregado se realice localmente, generando empleo y desarrollo económico en las comunidades pesqueras. También promover la participación de Polinizadores Compradores, es decir, incentivar a las personas que viven en la comunidad de pescadores a comprar pescado local. Esto ayudará a fortalecer la economía local y garantizar un mayor consumo de productos pesqueros frescos y de calidad.

En el caso de los pueblos alejados, es fundamental difundir los Polinizadores para que los pescadores puedan ser dueños de sus propios equipos e incluso tener sus propias plantas de procesamiento a través de cooperativas o asociaciones. Esto permitirá un mayor control sobre los recursos y un desarrollo más autónomo de estas comunidades.

Es importante también saber que esto puede ser aplicado a cualquier sector y sólo se tomó el ejemplo de pescador por nuestra historia de vida, pero podemos también hablar de minería, agricultura, ganadería, etc., en estos mismo términos.

Consejos Polinizadores

Cada abeja tiene un papel específico dentro de la colmena, ya sea la recolección de néctar, la construcción de celdas de miel, o la protección. Trabajando juntas de manera coordinada, las abejas pueden lograr mucho más de lo que podrían hacer individualmente. En los negocios locales, fomentar un ambiente de trabajo colaborativo y motivar a los empleados a trabajar juntos en lugar de competir entre sí puede llevar a una mayor eficiencia y rendimiento. Además, las abejas son increíblemente organizadas y disciplinadas en su trabajo. Siguen un sistema establecido y no se desvían de él, lo que les permite maximizar su productividad. En los negocios locales, establecer procesos y procedimientos claros puede ayudar a garantizar que las tareas se realicen de manera eficiente.

Aspecto importante del sistema de las abejas es su habilidad para adaptarse a los cambios y encontrar soluciones creativas a los desafíos que enfrentan. Si una abeja descubre una nueva fuente de néctar, informará a las demás para que puedan ajustar su estrategia de recolección.

En los negocios locales, la capacidad de adaptarse rápidamente a los cambios del mercado y encontrar nuevas formas innovadoras de crecer es esencial para mantenerse competitivo.

"Nadie construye un negocio. Se construyen las personas. Y las personas construyen negocios". (Zig Ziglar)

Tercera parte

Herramientas para negocios

Planificación y ejecución

Crear un Plan Lienzo Modelo de Negocios es esencial para cualquiera que busque convertir sus sueños en una realidad exitosa, pero a la vez puede ser muy complicado para muchos emprendedores.

En este apartado enseñaremos a describir los objetivos, estrategias y proyecciones financieras de tu empresa, ayudando a muchos emprendedores a afrontar los desafíos y oportunidades que conlleva iniciar y administrar una empresa en una sola hoja y sin tanto enredo.

En primer lugar, un Plan Lienzo Modelo de Negocios ayuda a aclarar el propósito y la dirección del negocio. Obliga al emprendedor a definir claramente el producto o servicio que ofrece, su mercado objetivo y su propuesta de valor única. Al establecer estos elementos clave, el Plan Lienzo Modelo de Negocios sienta las bases para una estrategia comercial exitosa. Además, un plan de negocios bien elaborado sirve como hoja de ruta para el futuro, describe objetivos a corto y largo plazo, así como los pasos necesarios para alcanzarlos.

Al contar con un plan claro, los emprendedores pueden mantenerse enfocados y realizar un seguimiento de su progreso hacia sus objetivos, haciendo los ajustes necesarios para mantener el rumbo, ya que este documento puede editarse tantas veces como se requiera, sin modificar la meta, claro.

La planificación financiera también es un componente crucial de un plan de negocios. Ayuda a estimar los costos de iniciar y administrar el negocio, así como a proyectar ingresos y ganancias potenciales. Esta previsión financiera es fundamental para conseguir financiación de inversores o prestamistas, ya que demuestra la viabilidad y sostenibilidad del negocio. Además, un Plan/ Lienzo Modelo de Negocios como el que te enseñaremos a realizar también puede servir como herramienta de comunicación. Se puede compartir con posibles inversores, socios o partes interesadas, clave para transmitir la visión y el potencial del negocio. Un Plan Lienzo Modelo de Negocios bien redactado puede ayudar a generar credibilidad y confianza con partes externas, aumentando las posibilidades de obtener apoyo para la empresa.

Lo que vamos a encontrar a continuación es un manual para crear un plan de negocios para ayudar a aclarar el concepto de negocio, establecer objetivos y crear una hoja de ruta para el éxito. Tomarte el tiempo para desarrollar un Plan Lienzo Modelo de Negocios integral y bien pensado te separa de un soñador, eres un realizador de primera clase; puedes aumentar las posibilidades de convertir tus sueños en una empresa comercial rentable y sostenible.

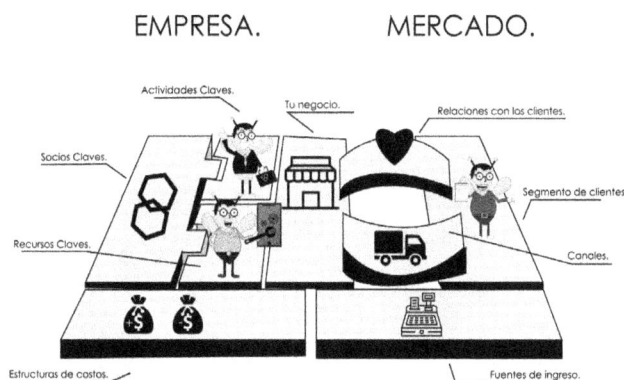

EMPRESA.   MERCADO.

Actividades Claves.
Tu negocio.
Relaciones con los clientes.
Socios Claves.
Segmento de clientes
Recursos Claves.
Canales.
Estructuras de costos.
Fuentes de ingreso.

Modelo de negocios
y propuestas de valor

Business Model Canvas[4]

Si has llegado hasta aquí, quiere decir que estás entusiasmado de elaborar tu propuesta de valor, es decir, de poner por escrito lo que te hace único. Para esto vamos a usar el Lienzo Modelo de Negocios, que es una herramienta estratégica que te ayudará a conceptualizar tu modelo de negocios y a representarlo de forma visual en un solo lienzo, de forma que cualquier emprendedor local pueda entenderlo fácilmente. Si te fijas, la expresión en inglés

---

[4] Lienzo Modelo de Negocios

explica a la perfección lo que es el Modelo Canvas para la Polinización de Empresas, compuesto por:

- *Business model*: es decir, se trata de un lienzo modelo de negocios con el que podremos crear valor y, por tanto, beneficios económicos o financieros.

- *Business plan*: proyección económica con cifras

- *Canvas*: lienzo estructurado que recoge un conjunto de elementos

Así, con un Business Model Canvas lograrás detectar las palancas de crecimiento de tu modelo de negocio, visualizar las ideas, los socios clave para tu negocio, y las acciones a llevar a cabo. Todo esto en una plantilla o matriz con nueve módulos en los que se integran las actividades clave y componentes básicos de un plan de negocios para una empresa. Esta herramienta se considera Polen, ya que es una herramienta poderosa que evita entrar en planes de negocios super elaborados que se quedan en los escritorios y pueden no ejecutarse.

El modelo Canvas fue desarrollado por Alexander Osterwalder, teórico austríaco, en un libro escrito junto al informático belga, Yves Pigneur y titulado: *Business Model Generation*. El libro se convirtió pronto en un polen listo para los negocios locales y ha servido como base para la creación de muchas empresas y startups modernas.

Gracias al modelo Canvas podemos ver de forma simplificada la estructura de tus costos, los socios clave, las fuentes de ingresos de tu modelo de negocio, los canales de comunicación, la relación de los clientes y los segmentos de clientes. De hecho, la conceptualización del modelo Canvas tiene su origen en el pensamiento de diseño o *design thinking*. Se trata de una visión conjunta, estructurada y simplificada de lo que es o será tu negocio, así que vamos a Polinizar tu negocio con esta herramienta poderosa.

¿De qué elementos se compone el modelo Canvas?

El lienzo Canvas propone una matriz con nueve módulos en los que se incorporarán los siguientes elementos para hacer un Polen exitoso:

- Actividades clave

- Socios y asociaciones clave

- Recursos clave

- Segmento del mercado o de clientes

- Canales de comunicación

- Relación con los clientes

- Producto o propuesta de valor

- Estructuras de costos

- Fuentes de ingresos

Todos estos elementos compondrán tu lienzo de modelo de negocio Canvas y servirán como esqueleto de tu empresa o nuevo proyecto. Más adelante te explicaremos detalladamente y uno por uno en qué consiste cada uno de estos elementos y cómo crearlos.

Las actividades clave de tu negocio son las tareas esenciales que debes realizar para poner en marcha tu negocio bien estructurado, como lo hacen las grandes empresas. Las actividades clave no son sólo los productos o servicios que desarrolla tu emprendimiento sino todas aquellas tareas imprescindibles y básicas para que todo funcione. Estas acciones imprescindibles serán parte fundamental de cualquier estrategia que vayas a poner en marcha, ya sea un nuevo negocio o el relanzamiento de uno que ya antes estaba operando.

Para Bee Business es importante que los negocios locales trabajen con las herramientas que nosotros llamamos Polen para que en turno puedan asesorar a otros negocios bajo herramientas ya probadas en el mercado.

El propio creador del modelo Canvas, Alexander Osterwalder, define tres tipos de actividades clave que te ayudarán a entender qué debes incluir en estos módulos. Vamos a crear el ejemplo de una carnicería local.

Antes de empezar, hay que plantear una visión global del porqué tendríamos que seguir con el proyecto, es decir, una justificación. Es importante tener datos de mercado para justificar la existencia de, pongámosle, la Carnicería Bee.

El sector de la carne es uno de los sectores más grandes de la industria alimentaria, el sector cárnico en México es una industria consolidada. Anualmente elabora más de un millón de toneladas de productos con un valor de 41,500 millones de pesos, lo que representa el 23% de la industria alimentaria y 32% del PIB agropecuario. Teniendo en cuenta esto, hay que pensar en un elemento que diferencie a la Carnicería Bee de cualquier otra carnicería.

Flexitarismo: (la palabra "flexitariano" surge de la combinación de dos vocablos "flexible" y "vegetariano") la dieta flexitariana sea aquella que promueve la ingesta de una gran cantidad de alimentos de origen vegetal y también de algunos de origen animal, pero en menor medida. A cause de las tendencias de salud y bienestar, más compradores están buscando productos orgánicos y de origen local; el mercado de carniceros continúa creciendo. La Carnicería Bee se especializa en proporcionar los cortes más frescos y personalizados de carnes; hemos visto un tremendo aumento en la demanda. Los consumidores se están volviendo más conscientes de sus elecciones dietéticas. Se espera que la industria de la carnicería continúe creciendo y ahí vemos una gran oportunidad de negocio.

En Carnicería Bee creemos en proporcionar a nuestros clientes carne de calidad. Al ofrecer una amplia selección de carnes frescas de ganaderos locales, nuestro equipo de Carniceros Bee experimentados se asegura de que cada cliente reciba las carnes más frescas y de la más alta calidad. También proporcionamos marinados y condimentos con productos locales o de la región, así como recomendaciones sobre cómo preparar mejor las carnes. Además, suministramos carnes que otras carnicerías no ofrecen, como cortes finos, quesos y verduras frescas y orgánicas de los agricultores locales para complementar las carnes frescas. En Carnicería Bee queremos que los clientes puedan aprovechar los cortes de carne de calidad que son asequibles e inmejorables en sabor sin perder la identidad de nuestro pueblo.

En la carnicería Bee estamos dedicados a brindar un servicio al cliente excepcional. Entendemos que cada cliente tiene sus propias preferencias y expectativas y nos tomamos el tiempo para escuchar todas y cada una de las solicitudes. Ya sea que se trate de un corte específico o una marinado especializado, nuestros Carniceros Bee hacen todo lo posible para adaptar el producto a las necesidades del cliente final.

Vamos a la acción. Para poder identificar cuáles son estas tareas imprescindibles para rellenar el módulo de actividades clave del modelo Canvas, puedes ayudarte haciéndote las siguientes preguntas para que la Carnicería Bee tenga éxito:

Socios y asociaciones clave

Un lienzo de modelo de negocios de la Carnicería Bee depende en gran medida de las asociaciones clave. El éxito de la empresa depende de relacionarse con los distribuidores correctos y las empresas locales. A continuación se presentan algunos de los socios clave a considerar al planificar un modelo de negocio de la Carnicería Bee:

- Proveedores y distribuidores: una carnicería se basa en proveedores y distribuidores confiables para obtener suministros consistentes y confiables. Establecer relaciones con los distribuidores y proveedores adecuados garantizará un suministro constante y un precio decente.

- Negocio local: construir relaciones con la comunidad empresarial local es esencial para el éxito de la Carnicería Bee. Hay que crear una red de socios comerciales locales para ayudar a promover y comercializar la Carnicería Bee.

- Agencias publicitarias: trabajar con una agencia publicitaria local (de preferencia) o nacional es beneficioso para el éxito del negocio de la Carnicería Bee. Las agencias de publicidad pueden aumentar la conciencia de los productos y servicios de la tienda y maximizar el retorno de la inversión.

Actividades clave

- Abastecimiento y adquisición de ingredientes y productos locales o de la región de calidad: esto implicará la obtención de proveedores que proporcionan carne e ingredientes de la más alta calidad al tiempo que garantiza un precio competitivo sin afectar al ganadero local. Desarrollar y mantener relaciones con proveedores confiables y éticos será clave para la Polinización.

- Departamento Carnicería Bee y preparación de carnes frescas: esto incluye comprar carnes al por mayor, convertir la carne en cortes de calidad y que esté lista para la tienda de comestibles y apetitosa para los clientes finales.

- Proporcionar servicio al cliente de calidad: un excelente servicio al cliente es esencial en cualquier negocio. Esto incluye tener un personal amable y conocedor al que le apasione la calidad y que pueda responder cualquier pregunta o inquietud del cliente y sobre todo que sepan que apoyan a los ganaderos y agricultores locales.

- Marketing y promoción de productos: esto implica desarrollar un plan de marketing interno integral con el objetivo de aumentar la conciencia del cliente y mapear su recorrido. Esto podría incluir técnicas de marketing tradicionales y digitales, promociones y referencias de clientes o networking local.

Los recursos clave

Los recursos clave de la Carnicería Bee incluyen artículos tangibles e intangibles que son necesarios para su funcionamiento.

- Carnes de calidad: el principal recurso de la tienda a la venta es su selección de carnes de calidad. Esto puede incluir carne de res de ganadería don Juan, carne de cerdo del don Hipolito, gallinas orgánicas de doña Lucy, pescado de los Morillos Nayarit, y otros productos deseados como carnes orgánicas, alimentadas con pasto en el campo.

- Herramientas y equipos de carnicería: la tienda también requerirá herramientas y equipos especialmente diseñados para carnicería, como básculas, vitrinas, tablas, como chairas, sierras y cuchillos.

- Caja registradora y sistema POS: este recurso es necesario para procesar los pagos del cliente, el acceso a los niveles de inventario y el seguimiento de la información del cliente y agilidad en la facturación.

- Publicidad y materiales promocionales: recursos como señalización, volantes, folletos y pancartas promocionales son esenciales para comercializar la Carnicería Bee.

- Anuncios y páginas de redes sociales: para aprovechar al máximo la era digital actual, la Carnicería Bee debe tener una presencia en redes sociales establecida para interactuar con los clientes, generar lealtad, adoptar tendencias y aumentar las ventas.

Propuestas de valor

La propuesta de valor de la Carnicería Bee es proporcionar carnes frescas y de calidad a precios competitivos con una variedad de cortes y tipos disponibles. Además, los clientes podrán encontrar verdura, quesos frescos y deliciosos, marinados y condimentos, y recomendaciones amistosas para preparar carnes al carbón.

Las propuestas pueden resumirse de la siguiente manera:

- Carnes de calidad recién cortadas a precios competitivos

- Variedad de cortes y variedad de carnes orgánicas.

- Verdura y quesos frescos de agricultores locales

- Marinados y condimentos, con asador en la puerta del local.

- Recomendaciones sobre la preparación de carnes con asesorías de los carniceros Bee.

Segmento del mercado o de clientes

Las estrategias de relación con el cliente de la Carnicería Bee involucran varios canales y puntos de contacto diferentes, que son:

- Interacciones cara a cara con el cliente: los Clientes Polinizadores pueden recibir un servicio amigable y personalizado mientras interactúan con un empleado Bee en la tienda. Esta es una oportunidad importante para construir relaciones y lealtad fuertes en los negocios locales.

- Pedidos telefónicos y consultas: los clientes pueden llamar a la tienda para hacer pedidos y hacer preguntas. Esto proporciona a los clientes una manera conveniente de recibir información y servicios.

- Servicios de pedidos en línea Colmena App: la tienda, al Cliente Polinizador, puede proporcionar servicios de pedidos en línea y que los clientes pueden usar para hacer pedidos de sus hogares. Esto puede ayudar a aumentar la conveniencia y la lealtad del cliente.

Canales

Los canales de la Carnicería Bee pueden afectar directamente la entrega de los productos. Estos son algunos de los posibles canales que una carnicería puede usar para llegar a sus clientes:

- Tienda minorista: alianzas con tiendas de abarrotes que puedan tomar pedidos y darles una comisión por venta lograda, carnicerías pequeñas se puede utilizar para almacenar y vender los productos de la Carnicería Bee.

- Servicios de pedidos en línea: un sitio web o la Colmena App para negocios locales, aplicación de pedidos que permite a los clientes comprar rápidamente productos de la carnicería en línea

- Servicios de entrega de terceros: empresas como Repartidores unidos, Mandados, o Mandaditos, que frecen servicios de entrega que conectan a los clientes con empresas locales, incluidas las carnicerías como Bee a un precio accesible.

Segmentos de clientes

- Los segmentos de los clientes para la carnicería son:

- Consumidores Polinizadores individuales

- Restaurantes y otros proveedores de servicios de alimentos

- Tiendas de comestibles y especialidades

- Compradores al por mayor

Estructura de costo

La estructura de costos de una carnicería consiste en lo siguiente:

- Luz

- Renta

- Inventario y suministros

- Costo de ventas

- Salarios y beneficios para empleados

- Anuncios de marketing

La renta es necesaria para mantener una ubicación física. Se requiere inventario y suministros como cuchillos, refrigeradores y otros artículos relevantes para hacer el trabajo. Se deben pagar los servicios fijos como la electricidad y el agua para operar de manera segura. Los salarios y los beneficios de los Empleados Bee deben tenerse en cuenta para que el personal sea compensado y cuidados adecuadamente. Finalmente, los gastos de marketing y publicidad son necesarios para informar a los clientes potenciales de los servicios prestados por la Carnicería Bee.

Flujo de ingresos

La Carnicería Bee se centra en ofrecer no sólo calidad y carne fresca, sino también conveniencia para los Clientes Polinizadores. Esto requiere un múltiple flujo de ingresos que incluya:

- Ventas al por menor: permitir que los Clientes Polinizadores entren en la tienda a comprar el producto directamente desde allí (esta seguirá siendo la principal fuente de ingresos).

• Pedidos en línea por Colmena App: al aprovechar el poder de internet, permitir a los clientes comprar el producto desde cualquier lugar, aumentará la cantidad de pedidos, ya sea en lo local como o en lo circundante.

• Órdenes y ofertas al por mayor: la oferta de acuerdos de precios para pedidos a granel se puede utilizar para adquirir contratos gubernamentales y también para construir relaciones con grandes corporaciones ya que Carnicería Bee busca activar más ventas para los ganaderos locales.

• Tarifas y comisiones de entrega de terceros: al trabajar con servicios de entrega de terceros, la carnicería puede aumentar las ventas y la visibilidad, como hacer alianzas comerciales con tiendas de abarrotes, fruterías, cremerías.

Como se muestra en el lienzo de modelo de negocio, la Carnicería Bee, como ejemplo, está bien posicionada para servir a sus clientes una gama de carnes frescas y otros productos relacionados. Tiene una base de clientes establecida y su posicionamiento competitivo garantizará que siga siendo competitivo y atractivo para los nuevos clientes. Además, la Carnicería Bee ha identificado oportunidades viables en servicios directos al consumidor, servicios de asados en la compra de carne y está comprometida con la innovación y la mejora continua para mantenerse a la vanguardia de las demandas de los Clientes Polinizadores y diferenciarse de sus competidores.

La Carnicería Bee ha identificado áreas clave de crecimiento para expandir su base de clientes, mejorar la eficiencia operativa y atraer nuevas Oportunidades Comerciales Polinizadoras. Hemos identificado posibles socios, proveedores y distribuidores para expandir el alcance y maximizar los recursos. Con un plan efectivo y una estrategia clara, la Carnicería Bee está bien posicionada para mantener su ventaja competitiva en el mercado.

Con entusiasmo, los invitamos a utilizar este ejemplo para descubrir su valor único, no importa si gestionan una carnicería, tienda de ropa, taquería o incluso una tortillería.

Fidelización de Clientes Polinizadores

En el mapa del cliente en Bee Business, se representan las acciones, pensamientos y emociones de un cliente durante todo el proceso de compra. Esta herramienta nos ayuda a entender el comportamiento de los clientes y nos permite adaptar nuestra estrategia de marketing para mejorar su experiencia y aumentar las ventas.

Al utilizar el mapa de cliente en Bee Business, junto con el Comprador Polinizador, podemos tener una visión más completa del ciclo de compra de nuestros clientes. Esta información nos ayuda a crear estrategias más efectivas y personalizadas para cada cliente. Es importante tener en cuenta que el proceso de compra es como una historia, con un principio, un desarrollo y un desenlace. Por lo tanto, es fundamental analizar todo el recorrido del cliente para comprender por qué llegan a tomar determinadas decisiones.

En resumen, el mapa del cliente en Bee Business es una herramienta valiosa que nos ayuda a comprender mejor a nuestros clientes, mejorar la experiencia de usuario y aumentar las ventas a través de estrategias de marketing más efectivas.

Un mapa del cliente en Bee Business te ayuda a visualizar la experiencia de un cliente desde el punto A, sus desafíos, hasta el punto B, su decisión de compra. Cuando sabes qué lleva a las personas a una decisión u otra, puedes adaptar tu estrategia de negocios en consecuencia. Una vez sepas quién es tu Comprador Polinizador, por qué toma ciertas decisiones, y cuáles son puntos de contacto, podrás adaptar mejor tu estrategia de marketing y de negocios a sus intereses.

En pocas palabras, el mapa de cliente en Bee Business te ayuda a:

- Identificar y comprender qué clientes están interesados en tu producto o servicio.

- Adaptar tus mensajes para que los clientes entiendan los beneficios de tu producto o servicio.

¿Para qué sirve el mapa de cliente en Bee Business? El mapa de cliente en Bee Business es una táctica de mercadotecnia utilizada para comprender el camino que sigue un cliente potencial desde el descubrimiento de un producto o servicio hasta la compra y más allá, identificando sus necesidades y buscando fortalecer su lealtad. Es esencial entender este recorrido para crear una experiencia de compra satisfactoria en relación a los productos o servicios ofrecidos por el emprendedor.

Una vez que descubras quién es tu Comprador Polinizador, sus motivaciones y sus puntos de contacto preferidos, tendrás el poder para adaptar tus estrategias de marketing y negocios para encantarlos con lo que más les importa.

En definitiva, el mapa del cliente en Bee Business actúa como una herramienta ingeniosa que te permite:

- Descifrar e interiorizar cuáles clientes tienen interés en tus productos o servicios

- Personalizar tus mensajes para revelar a los clientes las increíbles ventajas de tu producto o servicio

¿Y qué hace tan imprescindible este mapa del cliente en Bee Business?

Este mapa no es sólo una táctica de mercadotecnia, es más bien un guía confiable en la misión fundamental de comprender la trayectoria completa que sigue un cliente potencial desde cuando detecta tu producto o servicio hasta decidir comprarlo e incluso después. Te ayuda a entender sus necesidades, deslumbrándolos al fortalecer su lealtad hacia ti.

Comprender este viaje integral se vuelve crucial cuando deseamos ofrecer una experiencia satisfactoria cargada con nuestros maravillosos productos o servicios. Después de todo, ¿no queremos todos un negocio prospero rebosante de clientes felices?.

El mapa del cliente en Bee Business se compone de elementos esenciales que, al examinarse conjuntamente, te dan una visión precisa y reveladora de la motivación detrás del comportamiento de un cliente. Aunque cada uno de estos elementos son cruciales para el mapa, no necesariamente ocurren secuencialmente.

- Expectativas: nuestros apreciados Compradores Polinizadores que buscan superar sus retos poseen ciertas expectativas con respecto a lo que desean obtener. Esta representación es su estrategia principal para simplificar su búsqueda del producto perfecto.

- El proceso de compra: comienza elaborando los detalles más íntimos sobre cómo funcionan las emociones y acciones durante la experiencia de compra del cliente. ¿Cómo fluye su transición desde darse cuenta hasta mostrar interés y finalmente realizar la adquisición? .

- Acciones del cliente: aquí nos enfocamos en las proactivas medidas tomadas por los Compradores Polinizadores, estas pueden abarcar lectura relacionada al producto o servicio como artículos, descargar contenido digital interesante como eBooks, o solicitar personalmente una muestra o demostrativa de ventas.

- Puntos de contacto con el Cliente Polinizador: Los puntos de contacto destacan la brillantez de tu empresa: ¿cómo se manifiesta esta luminosidad al interactuar con tus Clientes Polinizadores? Esto podría ser algo tan emocionante como lanzar un anuncio vibrante en las redes sociales o distribuir un boletín informativo cargado de conocimiento por correo electrónico.

- Emociones: cada acción que realiza el Cliente Polinizador está acompañada de un pensamiento o sentimiento único, anclado a esa decisión. Descifrar estas emociones te revelará el fascinante "por qué" detrás del comportamiento del Cliente Polinizador.

- Desafíos: los obstáculos moldean los caminos que llevan a nuestros estimados Clientes Polinizadores hacia nuestra puerta, ya sea para resolver o para simplemente llenar una necesidad en sus vidas.

Al comprender y aplicar las acciones de nuestros clientes, recuerda considerar estos componentes esenciales. Las emociones, por ejemplo, florecen durante todo el proceso, mientras que los desafíos y expectativas usualmente juegan papeles estelares influenciando junto al proceso de compra.

¿Fases del mapa del cliente en Bee Business?

El mapa del cliente en Bee Business consta de siete etapas: descubrimiento, consideración, decisión, compra, experiencia de usuario, fidelización y promoción. Estas etapas pueden ser diferentes dependiendo del tipo de empresa y el mercado en el que se opera.

Descubrimiento: la etapa inicial del mapa del cliente en Bee Business es el descubrimiento, donde el cliente potencial se encuentra con la marca y sus productos o servicios, surgiendo una necesidad.

Consideración: en la segunda etapa del mapa del cliente en Bee Business, el cliente se encuentra en una fase de análisis y comparación entre distintas alternativas de productos o servicios. Durante este periodo, el Cliente Polinizador se está informando, leyendo reseñas y buscando opiniones de amigos y familiares, así como también análisis comparativos. Para la empresa resulta fundamental ofrecer información detallada y precisa sobre sus productos o servicios, resaltando los aspectos únicos y beneficiosos que los diferencian de la competencia.

Compra: en la cuarta etapa del mapa del cliente en Bee Business, el cliente llega al momento culminante de realizar la compra deseada. Los clientes están ahora preparados para elegir, investigando y considerando sus opciones. El cliente también puede estar preparado para realizar una compra.

En una fase clave y es necesario comprender a fondo sus motivos de compra y disponer de los recursos necesarios para convencer a los clientes de que te compren. Hoy en día, la mayoría de los clientes quieren dos cosas antes de realizar una compra:

- Una prueba gratuita

- Una demostración en vivo

Pero, ¿y si tu producto o servicio no ofrece ninguna de las dos opciones?

Si es así, tendrás que utilizar varios tipos de contenido para infundir confianza en los clientes potenciales. La solución más sencilla es proporcionarles pruebas o testimonios de clientes, esto disipará sus dudas y hará que tengan confianza.

Experiencia de usuario: en la quinta etapa del mapa del cliente en Bee Business, conocida como experiencia de usuario, el cliente comienza a utilizar el producto o servicio adquirido. Durante este periodo es crucial que la empresa esté atenta para resolver cualquier problema o inquietud que pueda surgir. Esto implica brindar un soporte técnico y servicio al cliente de calidad, asegurando una experiencia positiva para el usuario.

Decisión: aquí nuestro valioso cliente se encuentra en un emocionante cruce de caminos donde finalmente elige una opción de compra preferida entre los distinguidos productos o servicios que ha considerado. Durante este momento decisivo, algunos aspectos destacados a los que presta atención incluyen el precio competitivo, la calidad insuperable, la reputación estelar de la empresa y la promesa única de una experiencia agradable.

Adquisición: como siguiente punto enriquecedor del viaje del cliente en Bee Business, llegan al hito trascendental: realizar esa tan esperada compra. Esta etapa demuestra su confianza en nuestra oferta.

Experiencia de usuario: al llegar a esta quinta fase vital del mapa del viaje del cliente con Bee Business, conocida también como experiencia positiva para el usuario, nuestro Cliente Polinizador ya puede empezar a disfrutar las ventajas notables que ofrece nuestro producto o servicio. Durante esto período, empoderado y esencial, garantizamos estar siempre disponibles para solventar cualquier desafío o duda que pudiera surgir. El compromiso implica ofrecer soporte técnico ejemplar y un excepcional servicio al cliente, todo ello orientado hacia asegurar una satisfacción positiva e inolvidable por parte del usuario.

Fidelización: en la sexta etapa del mapa del viaje del cliente con Bee Business, conocida como fidelización, el cliente persiste en el uso del producto o servicio y tiene el potencial de convertirse en un Cliente Polinizador leal a de tu empresa. Además de proporcionar un servicio de atención al cliente excepcional, la empresa puede ofrecer incentivos para fomentar la lealtad del cliente, como descuentos exclusivos u otras ventajas.

Promoción: la etapa final del mapa del viaje del cliente con Bee Business es la de promoción, donde el cliente comparte positivamente la empresa y sus productos o servicios con otros posibles clientes. La recomendación boca a boca por parte de clientes satisfechos es fundamental para ganar la confianza de nuevos clientes.

Es vital recordar que el mapa del viaje del cliente con Bee Business no sigue necesariamente un camino lineal, y un cliente puede volver a cualquier etapa en cualquier momento. Además, las necesidades del cliente pueden variar en cada fase y estar influenciadas por diversos factores, lo que resalta la importancia de adaptar las estrategias de marketing y atención al cliente según las circunstancias individuales del cliente.

MAPA DEL CLIENTE EN BEE BUSINESS

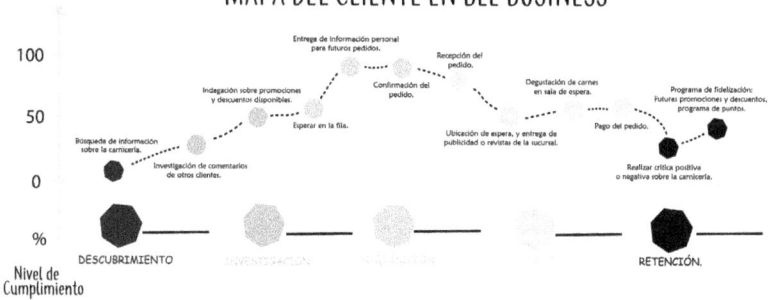

100

50

0

%

Nivel de
Cumplimiento

Entrega de información personal
para futuros pedidos.

Recepción del
pedido.

Indagación sobre promociones
y descuentos disponibles.

Confirmación del
pedido.

Degustación de carnes
en sala de espera.

Programa de fidelización:
Futuras promociones y descuentos,
programa de puntos.

Búsqueda de información
sobre la carnicería.

Esperar en la fila.

Ubicación de espera, y entrega de
publicidad o revistas de la sucursal.

Pago del pedido.

Investigación de comentarios
de otros clientes.

Realizar crítica positiva
o negativa sobre la carnicería.

DESCUBRIMIENTO   INVESTIGACIÓN   NEGOCIACIÓN   RETENCIÓN.

Mapa de viaje del cliente

En este ejemplo de mapa del recorrido del cliente, la dificultad de María es que no le gusta cocinar carne asada, pero tiene una fiesta a donde por mayoría se votó que ella sería la organizadora. A medida que María avanza del problema a la solución, hay varios puntos de contacto que la guían. Por ejemplo, decide hacer un marinado de carne que posiblemente le ayudará a que su carne asada esté jugosa y con un sabor espectacular. Luego, ve un anuncio en las redes sociales de una carnicería que dice en el título <Nosotros cortamos tu carne y la marinamos con tus ingredientes>, que hace que ella considere esa marca. Las emociones de María, a lo largo del proceso de compra, explican cómo se sintió en cada paso.

Empresa: Carnicería Bee

Situación: María necesita una solución para hacer una carne asada con cortes de un estilo peculiar para poder incorporar su receta.

Expectativas: carne fresca de alta calidad, blandita y a buen precio, que le permita hacer una fiesta inolvidable para sus amigos.

Reconocimiento:

1. Se da cuenta de que tiene un problema: no sabe cómo organizar una carne asada.

2. Determina que una carnicería con asesoría personalizada puede solucionar el problema.

Punto de contacto: boca en boca, radio, redes sociales, medios impresos

Emoción correspondiente: "Necesito solucionar este problema".

Consideración:

3. Ve un anuncio en las redes sociales de una carnicería que da asesoría personalizada e incluso te ayudan a marinar la carne con diferentes recetas o con tus ingredientes.

Punto de contacto: anuncios en línea

Emoción correspondiente: "Este producto, con su servicio, parece interesante".

Comparación:

4. Compara carnicería con otros en el mercado.

5. Lee reseñas de los usuarios de las carnicerías.

Punto de contacto: SEO, blog (Google)

Emoción correspondiente: "¿Qué carnicería satisface mejor mis necesidades?"

Decisión:

6. Decide que vale la pena probar tu producto.

Punto de contacto: reseñas de clientes

Emoción correspondiente: "¿A otros usuarios les gustó este producto?"

Compra:

7. Decide ir a la sucursal más cercana de Carnicería Bee y se registra para una prueba.

Punto de contacto: asesor de carnes asadas, mostrador, caja

Emoción correspondiente: "Esta parece ser la mejor opción y debo probarla".

Retención y promoción:

8. Compra un kilo de carne para hacer la prueba antes del evento.

9. El día del evento sorprende a todos con su banquete de carne asada y recomienda la carnicería a sus amigos.

Punto de contacto: boca en boca, estados de WhatsApp, historias etc.

Emoción correspondiente: "Esta carne y el servicio valió la inversión y debo compartirla con mis seres queridos".

***

¿Cómo fue el recorrido de María para llegar a esta Carnicería Bee?

Descubrimiento: búsqueda de información sobre la Carnicería. Se conoce la existencia de la carnicería y se busca más información sobre ella.

Investigación: de comentarios de otros Clientes Polinizadores. Se buscan críticas y comentarios sobre la experiencia de compra en el local. Se indaga sobre promociones vigentes.

Adquisición: Solicitud de espera en la fila. Esperar en la fila.

Entrega de la información: la Carnicería Bee solicita los datos personales de María.

Confirmación del pedido: tras aportar los datos se confirma la compra, repitiendo el pedido para garantizar la satisfacción y evitar confusiones.

Servicio:

• Recepción del pedido: compromiso de entrega a domicilio o en sucursal

• Ubicación de espera: el personal indica la sala de espera donde se encuentran otros productos promocionales para post venta

• Entrega de publicidad o revistas: revisar nuevas sugerencias de carnes

• Realización del pedido posts venta: agregar más productos a la factura

- Espera del pedido: el tiempo que el cliente espera el pedido en su mesa

- Entrega del pedido: llegada del pedido

- Degustación de carnes: carnes asadas de degustación en la sala de espera

- Pagar cuenta: pedir la cuenta final

- Consulta sobre promociones o descuentos: preguntar si existen promociones que apliquen o descuentos

- Pago de la cuenta: proceso de pago del pedido consumido

Retención: recomendaciones del Cliente Polinizador que realizar crítica (positiva o negativa) sobre la carnicería.

Programa de fidelización: incluye desde descuentos para la siguiente visita, programa de puntos o una invitación de la Carnicería Bee el día del cumpleaños del cliente.

Plan de negocios

La importancia de tener un plan de negocios
para un negocio local sin importar su tamaño.

En el mundo competitivo de los negocios, es fundamental tener un plan de negocios sólido para garantizar el éxito y la sostenibilidad de una empresa, independientemente de su tamaño. Muchos emprendedores cometen el error de subestimar la importancia de este documento, creyendo que sólo es necesario para negocios grandes o corporaciones. Sin embargo, un plan de negocios es esencial para cualquier negocio, incluidos los locales, ya que proporciona una guía clara y una visión estratégica para alcanzar los objetivos establecidos.

Un plan de negocios bien elaborado ayuda a definir el propósito y la misión de la empresa, así como los objetivos a corto y largo plazo. También incluye un análisis detallado del mercado, la competencia, el público objetivo y las estrategias de marketing y ventas. Además, el plan de negocios contempla aspectos financieros como proyecciones de ingresos y gastos, flujo de efectivo, presupuesto y estrategias de financiamiento.

Para los negocios locales, un plan de negocios es especialmente importante, ya que les permite identificar oportunidades de crecimiento, diversificación y expansión. También les ayuda a gestionar de manera eficiente los recursos disponibles, a establecer metas realistas y a medir el progreso a lo largo del tiempo. Además, un plan de negocios bien estructurado puede ser una herramienta valiosa para atraer inversores, socios comerciales y clientes potenciales.

Tener un plan de negocios es crucial para cualquier negocio, sin importar su tamaño o industria. Proporciona una hoja de ruta clara y detallada para alcanzar el éxito empresarial, minimiza los riesgos y maximiza las oportunidades de crecimiento. Por lo tanto, es recomendable que todos los emprendedores y empresarios locales inviertan tiempo y esfuerzo en desarrollar un plan de negocios sólido que sirva como la base de su negocio y les guíe hacia el éxito a largo plazo.

Un plan de negocios es una herramienta esencial para cualquier emprendedor que desee lanzar un nuevo proyecto o hacer crecer su negocio existente. No sólo es una hoja de ruta para guiar sus acciones y decisiones, sino que también puede abrir las puertas a oportunidades de financiamiento, colaboraciones con futuros socios y establecer un plan de ruta claro para alcanzar el éxito.

En primer lugar, un plan de negocios detallado y bien estructurado es fundamental para atraer la atención de posibles inversores y obtener financiamiento para su empresa. Los inversionistas quieren ver que usted ha pensado detenidamente en todos los aspectos de su negocio, desde el mercado objetivo y la competencia hasta las proyecciones financieras y el plan de marketing. Un plan de negocios sólido le brinda credibilidad y demuestra su compromiso con el proyecto, lo que puede ser el factor decisivo para persuadir a los inversionistas a apoyarlo.

Además, tener un plan de negocios claro y bien definido puede facilitar la colaboración con futuros socios o colaboradores. Al presentar su visión, objetivos y estrategias de negocio de manera ordenada, usted puede transmitir confianza y generar interés en posibles asociaciones. Un plan de negocios bien elaborado sirve como una herramienta de comunicación efectiva que puede ayudarlo a establecer conexiones valiosas y construir relaciones sólidas con otras empresas o emprendedores.

La Incubadora de Negocios Bee Business es una excelente oportunidad para emprendedores que desean llevar sus ideas de negocios al siguiente nivel. Con una amplia gama de recursos y servicios disponibles, esta plataforma ofrece a los empresarios emergentes la oportunidad de desarrollar sus habilidades empresariales y hacer crecer sus empresas de manera exitosa.

Una de las principales ventajas de unirse a esta Incubadora de Negocios es la posibilidad de descargar plantillas de negocios que pueden ayudar a los emprendedores a organizar y planificar sus ideas de manera efectiva. Estas plantillas incluyen modelos de planes de negocios, análisis FODA, presupuestos y proyecciones financieras, entre otros recursos útiles que pueden guiar a los empresarios en el proceso de establecer y hacer crecer sus empresas. Además, al formar parte de la Incubadora de Negocios Bee Business, los emprendedores tienen la oportunidad de conectarse con otros profesionales y expertos en la industria que pueden brindar orientación y apoyo. La colaboración y el intercambio de ideas con otros empresarios pueden ser fundamentales para el éxito de un negocio, ya que brindan la oportunidad de aprender de las experiencias de los demás y obtener feedback valioso.

Unirse a la Incubadora de Negocios Bee Business y descargar plantillas de negocios en su página web es una decisión acertada para todo emprendedor que desee llevar su negocio al siguiente nivel.

Con recursos útiles, orientación experta y la oportunidad de conectarse con otros profesionales, esta plataforma ofrece una excelente oportunidad para desarrollar habilidades empresariales, planificar estratégicamente y lograr el éxito en el mundo empresarial.

Ejemplo de plan de negocios

Sección de planeación estratégica

¿Quiénes somos?

Es de suma importancia incluir una sección que describa quiénes somos en el plan de negocios de una empresa. Esta sección no sólo proporciona información básica sobre la identidad de la empresa, sino que también ayuda a establecer la credibilidad y confianza entre los posibles inversionistas, socios comerciales y clientes.

Al describir quiénes somos, se deben incluir detalles relevantes sobre la historia de la empresa, su visión y misión, los valores fundamentales que la guían y el equipo de liderazgo clave que la dirige. Esta información ayuda a contextualizar la empresa dentro de su industria, destacando su experiencia y enfoque único.

Además, al incluir información sobre quiénes somos, se puede resaltar la diferenciación de la empresa en el mercado. Por ejemplo, si la empresa se enorgullece de su enfoque innovador o de su compromiso con la sostenibilidad, esta sección del plan de negocios es el lugar ideal para comunicar esos aspectos distintivos.

Otro aspecto importante de incluir quiénes somos en el plan de negocios es que ayuda a establecer una conexión emocional con los lectores. Al compartir la historia detrás de la empresa y los valores que la sustentan, se crea una narrativa convincente que puede resonar con los posibles inversionistas o clientes.

En resumen, la sección de quiénes somos en un plan de negocios es fundamental para establecer la identidad y credibilidad de la empresa, destacar su diferenciación en el mercado y establecer una conexión emocional con los lectores. Es un componente esencial que no debe pasarse por alto al elaborar un plan de negocios sólido y completo.

Misión, visión y valores

En el mundo empresarial actual, es fundamental que una empresa tenga claridad sobre su misión, visión y valores. Estos elementos son la base sobre la cual se construye toda la estrategia y operación de la organización. Por lo tanto, es de suma importancia incluirlos en el plan de negocios de la empresa.

La misión de una empresa es su razón de ser, el propósito que la impulsa a existir y a operar en el mercado. Es lo que define su identidad y le da sentido a todas sus acciones y decisiones. Por otro lado, la visión es la imagen futura que la empresa aspira a alcanzar, es la meta a largo plazo que guía su crecimiento y desarrollo. Por último, los valores son los principios y creencias que rigen el comportamiento y las acciones de la organización, son la brújula ética que guía su actuar en todo momento.

Incluir la misión, visión y valores de la empresa en el plan de negocios tiene varios beneficios. En primer lugar, ayuda a alinear a todo el equipo de trabajo en torno a un propósito común, lo que aumenta la cohesión y la motivación de los empleados. Además, tener claridad sobre estos elementos facilita la toma de decisiones estratégicas y la planificación a largo plazo de la empresa. También es un factor clave para atraer a inversionistas y clientes que comparten los mismos valores y visión de la empresa.

Poner la misión, visión y valores de la empresa en su plan de negocios es fundamental para su éxito a largo plazo. Estos elementos son la base sobre la cual se construye toda la estrategia y operación de la organización, por lo que es crucial tenerlos presentes en todo momento y comunicarlos de manera clara y consistente a todas las partes interesadas.

Filosofía Universal

La importancia de incorporar la filosofía universal de una empresa en su plan de negocios es fundamental para lograr el éxito y la sostenibilidad a largo plazo. La filosofía universal de una empresa es su conjunto de valores, creencias y principios fundamentales que guían todas sus acciones y decisiones. Al integrar esta filosofía en el plan de negocios, se asegura que todas las estrategias y objetivos estén alineados con los valores centrales de la empresa.

En un mercado cada vez más competitivo y en constante evolución, tener una filosofía empresarial clara y coherente es esencial para diferenciarse de la competencia y construir una marca fuerte y reconocible. Cuando los clientes perciben que una empresa se adhiere a principios éticos y valores sólidos, son más propensos a confiar en ella y a establecer una relación a largo plazo. Además, al tener una filosofía universal incorporada en el plan de negocios, se facilita la toma de decisiones en situaciones difíciles o dilemas éticos. Los empleados sabrán cómo actuar y qué valores seguir en todo momento, lo que contribuirá a mantener la cohesión y la moral del equipo.

Asimismo, una filosofía empresarial bien definida es un poderoso imán para atraer talento humano de calidad. Los profesionales que comparten los mismos valores que la empresa estarán más motivados y comprometidos con su trabajo, lo que a su vez se traduce en un mejor desempeño y resultados positivos para la organización.

En resumen, poner la filosofía universal de una empresa en su plan de negocios es fundamental para crear una cultura empresarial sólida, atraer y retener talento, ganarse la confianza de los clientes y diferenciarse en un mercado competitivo. Es el camino hacia el éxito empresarial sostenible y responsable.

Ejemplo Bee Business, Polinización de Empresas

¿Qué es la polinización?

- La polinización es fundamental para que las plantas en flor produzcan cualquier tipo de semilla y de frutas. El intercambio de polen entre las flores tiene el objetivo de la reproducción, es un proceso fundamental para el mantenimiento de la vida sobre la tierra.

¿Qué es la Polinización de Empresas?

- La Polinización de Empresas es fundamental para que los emprendedores lleven a cabo cualquier tipo de negocio o proyecto. Con el intercambio de Polinización de Empresas entre los empresarios, se tiene el objetivo de la activación económica, es un proceso fundamental para el mantenimiento de la economía mundial.

Las abejas:

- **Organización:** Bee Business, como la Colmena App, tiene una estructura clara y entendida por todos sus miembros.

- **Miembros**: Bee Business y la Colmena App tienen diferentes tipos de abejas, cada una con funciones diferentes. Tenemos siempre un especialista para cada proyecto.

• **División del trabajo**: hay una clara división del trabajo en Bee Business y la Colmena App, pero ningún miembro de la comunidad está obligada a trabajar, lo hacen de buen grado, ya que somos una comunidad con un fin en común: la Polinización de Empresas.

• **Apoyo entre los miembros del equipo**: los miembros de diferentes ciudades alimentan con conocimiento y apoyo moral a los miembros más débiles, y también defienden nuestra filosofía universal si ven en peligro los negocios de nuestra comunidad.

Lemas

Una respuesta que satisface tus necesidades de negocio.
Tu negocio, mi mayor compromiso.
Tu idea, el mejor comienzo para nosotros.
La adaptación a las necesidades de cada uno de nuestros clientes.
Es tu negocio, es nuestro negocio y desafío.
Ser negocios, hacer negocios.

Modelo de negocios

El modelo de negocios es la forma en que una empresa genera ingresos y crea valor para sus clientes. Es fundamental para el éxito de cualquier empresa, ya que determina cómo la empresa va a operar y cómo va a lograr sus objetivos. Al incluir el modelo de negocios en tu plan de negocios, estás asegurando que todas las partes importantes de tu negocio están alineadas y que tienes una comprensión clara de cómo vas a generar ingresos y hacer crecer tu empresa.

Poner tu modelo de negocios en tu plan de negocios te ayuda a identificar posibles problemas y a encontrar soluciones antes de que sean demasiado tarde. Además, te permite comunicar de manera clara y efectiva a posibles inversores, socios y empleados cuál es la propuesta de valor de tu empresa y cómo planeas llevarla a cabo.

Para tener éxito en el mundo empresarial, es fundamental tener un modelo de negocios sólido y bien definido. Al incluirlo en tu plan de negocios, estás demostrando tu compromiso con el éxito de tu empresa y estás dando un paso importante hacia la construcción de una empresa exitosa y sostenible a largo plazo.

Poner tu modelo de negocios en tu plan de negocios es esencial para el éxito de tu empresa. Te ayuda a identificar problemas, encontrar soluciones y comunicar de manera clara cuál es tu propuesta de valor. No subestimes la importancia de incluir tu modelo de negocios en tu plan de negocios, ya que puede marcar la diferencia entre el éxito y el fracaso de tu empresa.

Objetivos

Los objetivos de ventas, compras, finanzas, personales y de producción son claves para establecer una hoja de ruta clara y medible que permita a la empresa alcanzar el éxito deseado.

En primer lugar, los objetivos de ventas son cruciales para determinar cuánto ingreso espera obtener la empresa en un período de tiempo específico. Establecer metas de ventas ayudará a la empresa a enfocar sus esfuerzos en aumentar la base de clientes, mejorar la retención de clientes existentes y aumentar el volumen de ventas. Además, los objetivos de ventas son útiles para evaluar el desempeño de los equipos de ventas y ajustar las estrategias según sea necesario.

En cuanto a los objetivos de compras, es importante establecer metas para la adquisición de materias primas, productos terminados y suministros necesarios para la operación de la empresa. Establecer objetivos de compras ayuda a garantizar que la empresa tenga un flujo constante de materias primas y productos para satisfacer la demanda del mercado y cumplir con las necesidades de los clientes.

En el ámbito financiero, los objetivos son esenciales para establecer un presupuesto, gestionar los gastos y maximizar los ingresos de la empresa. Establecer metas financieras claras ayuda a la empresa a controlar su flujo de efectivo, mantener una posición financiera sólida y alcanzar la rentabilidad deseada.

Por otro lado, los objetivos personales son fundamentales para garantizar que la empresa cuente con el talento humano necesario para alcanzar sus metas y objetivos. Establecer metas de contratación, formación y desarrollo del personal ayuda a la empresa a construir un equipo sólido y motivado que contribuya al crecimiento y éxito de la empresa.

En cuanto a los objetivos de producción, son esenciales para determinar la capacidad de producción de la empresa, optimizar los procesos y garantizar la calidad de los productos y servicios ofrecidos. Establecer metas de producción ayuda a la empresa a mejorar la eficiencia, reducir los costos y satisfacer la demanda del mercado de manera oportuna.

Establecer objetivos en un plan de negocios exitoso es fundamental para el crecimiento y la sostenibilidad de cualquier empresa. Los objetivos de ventas, compras, finanzas, personales y de producción son clave para guiar y medir el progreso de la empresa hacia el éxito deseado.

Análisis de la industria

Antes de emprender cualquier negocio, es crucial comprender el entorno en el que te vas a desenvolver, las tendencias del mercado, la competencia y las oportunidades que existen. El análisis de la industria te proporciona información valiosa que te ayudará a tomar decisiones estratégicas informadas y a desarrollar un plan de acción efectivo.

Al realizar un análisis de la industria, podrás identificar a tus competidores directos e indirectos, entender sus fortalezas y debilidades, y determinar qué estrategias utilizan para captar clientes. Esto te permitirá diferenciarte de la competencia y encontrar tu propio nicho en el mercado. Además, conocerás las tendencias del mercado, las necesidades de los consumidores y las oportunidades de crecimiento que existen en tu industria.

Por otro lado, el análisis de la industria te ayudará a anticipar posibles amenazas y riesgos que puedan afectar a tu empresa, como cambios en la legislación, fluctuaciones económicas o avances tecnológicos. Al estar al tanto de estos factores externos, podrás tomar medidas preventivas y desarrollar estrategias de contingencia para minimizar el impacto en tu negocio.

Incluir un análisis de la industria en tu plan de negocios también te facilitará la obtención de financiamiento y la atracción de inversores. Los inversores buscan empresas bien informadas y con un enfoque estratégico, por lo que contar con un análisis detallado de la industria demostrará que has realizado una investigación exhaustiva y que estás preparado para enfrentar los desafíos del mercado.

El análisis de la industria es una herramienta esencial para el éxito de cualquier empresa. Proporciona información clave para la toma de decisiones, te ayuda a identificar oportunidades de crecimiento, a diferenciarte de la competencia y a anticipar posibles riesgos. Por lo tanto, no subestimes la importancia de incluir un análisis de la industria en tu plan de negocios, ya que puede marcar la diferencia entre el éxito y el fracaso de tu empresa.

Análisis FODA de la competencia

Al iniciar un negocio o buscar expandirlo, es fundamental tener un plan de negocios bien estructurado que incluya un análisis FODA (Fortalezas, Oportunidades, Debilidades y Amenazas). Sin embargo, es igualmente importante considerar la competencia y cómo se posiciona tu empresa en relación con ellos.

Implementar un análisis FODA de la competencia en tu plan de negocios te brinda una visión más amplia del panorama empresarial en el que te encuentras. Conocer las fortalezas y debilidades de tus competidores te permite identificar oportunidades para diferenciarte y destacarte en el mercado. Del mismo modo, al tener en cuenta las amenazas que enfrentan tus competidores, puedes anticipar posibles desafíos y estar preparado para enfrentarlos de manera efectiva.

Al analizar a la competencia, también puedes identificar oportunidades de colaboración o alianzas estratégicas que beneficien a ambas partes. Conocer cómo se están moviendo en el mercado tus competidores te permite adelantarte y adaptar tu estrategia de manera proactiva para mantener tu ventaja competitiva.

Además, al conocer a fondo a tus competidores, puedes identificar sus puntos débiles y aprovecharlos para diferenciarte y ofrecer un valor agregado a tus clientes. Esto te permite no solo ganar cuota de mercado, sino también fidelizar a tus clientes actuales y atraer a nuevos potenciales.

Implementar un análisis FODA de la competencia en tu plan de negocios es esencial para tomar decisiones estratégicas informadas y asegurar el éxito a largo plazo de tu empresa. Con esta información, puedes identificar oportunidades de crecimiento, superar desafíos y diferenciarte en un mercado competitivo.

Análisis FODA de tu empresa

Realizar un análisis FODA (Fortalezas, Oportunidades, Debilidades y Amenazas) de tu empresa es crucial para el éxito de tu plan de negocios. Este análisis te permite identificar los aspectos internos y externos que pueden influir en el rendimiento y la competitividad de tu empresa.

En primer lugar, identificar las fortalezas de tu empresa te permite conocer los aspectos en los que destacas y en los que puedes construir una ventaja competitiva. Esto te ayuda a capitalizar tus puntos fuertes y a destacarte en el mercado. Por otro lado, identificar las debilidades te permite reconocer las áreas en las que debes mejorar o en las que puedes ser vulnerable ante la competencia. Esto te brinda la oportunidad de trabajar en esas áreas y fortalecer tu posición en el mercado.

Además, analizar las oportunidades te permite identificar nuevas tendencias, mercados o tecnologías que puedes aprovechar para hacer crecer tu empresa. Identificar estas oportunidades te brinda la posibilidad de expandirte y diversificar tu negocio de manera exitosa. Por último, identificar las amenazas te permite anticipar posibles riesgos o desafíos que puedan afectar el desempeño de tu empresa.

Esto te ayuda a estar preparado y a tomar medidas preventivas para mitigar dichas amenazas.

Realizar un análisis FODA de tu empresa te proporciona una visión integral de tu negocio, te ayuda a identificar áreas de mejora, a capitalizar tus fortalezas, a aprovechar oportunidades y a estar preparado para enfrentar posibles amenazas. Es una herramienta invaluable para la toma de decisiones estratégicas y para garantizar el éxito a largo plazo de tu empresa. Por lo tanto, es fundamental incluir un análisis FODA en tu plan de negocios para trazar un camino claro hacia el éxito empresarial.

Plan de mercado

Tener un plan de mercado en tu plan de negocios es crucial para el éxito de tu empresa. Este plan describe cómo vas a llegar a tus clientes, cómo te diferenciarás de la competencia y cómo promoverás tus productos o servicios.

El primer paso para elaborar un plan de mercado es investigar a tu audiencia objetivo. ¿Quiénes son tus clientes potenciales? ¿Qué necesidades tienen y cómo tu producto o servicio puede satisfacerlas? Comprender a tu mercado te ayudará a crear estrategias efectivas de marketing y ventas.

Además, un plan de mercado te ayudará a identificar a tus competidores y analizar sus fortalezas y debilidades. Esto te permitirá diferenciarte de ellos y encontrar tu nicho en el mercado. También te ayudará a identificar las oportunidades y amenazas que enfrenta tu empresa en el entorno competitivo actual.

Una parte importante de un plan de mercado es definir tu estrategia de marketing. Esto incluye determinar tu posicionamiento en el mercado, establecer tus objetivos de marketing y elegir las tácticas de marketing que utilizarás para alcanzar esos objetivos. También debes crear un presupuesto de marketing que te permita llevar a cabo tus estrategias de manera eficaz.

Por último, un plan de mercado te ayudará a monitorear y medir el éxito de tus estrategias de marketing. Al establecer indicadores clave de rendimiento (KPIs) y métricas de seguimiento, podrás evaluar el impacto de tus esfuerzos de marketing y realizar ajustes según sea necesario.

Poner un plan de mercado en tu plan de negocios es fundamental para el crecimiento y la sostenibilidad de tu empresa. Te proporcionará una guía clara para alcanzar a tus clientes, diferenciarte de la competencia y lograr tus objetivos de marketing. ¡No subestimes la importancia de tener un plan de mercado sólido en tu plan de negocios!

Descripción de portafolio de servicios

La importancia de incluir una descripción detallada de los servicios que ofrece tu empresa en el plan de negocios no puede ser subestimada. Este documento es esencial para guiar la dirección de tu empresa y establecer metas realistas y alcanzables. Al describir claramente los servicios que tu empresa proporciona, estás comunicando a tus posibles clientes, inversores y colaboradores lo que pueden esperar de ti.

Una descripción detallada de los servicios en tu plan de negocios también te ayuda a diferenciarte de la competencia. Al resaltar las características únicas de tus servicios y cómo se benefician tus clientes, estás mostrando por qué deberían elegirte a ti en lugar de a tus competidores. Esto puede ayudarte a atraer nuevos clientes y a crear una base de clientes leales a largo plazo.

Además, al incluir una descripción de los servicios en tu plan de negocios, estás estableciendo las bases para una estrategia de marketing efectiva. Al comprender a fondo qué servicios ofreces y a quién van dirigidos, puedes elaborar mensajes de marketing que resuenen con tu público objetivo y te ayuden a posicionarte como un líder en tu industria.

Otra razón por la que es importante incluir una descripción de los servicios en tu plan de negocios es que te ayuda a visualizar cómo se desarrollarán tus operaciones a lo largo del tiempo. Al describir detalladamente tus servicios y cómo planeas ofrecerlos, puedes identificar posibles obstáculos y oportunidades y ajustar tu enfoque de acuerdo a ellos.

La inclusión de una descripción detallada de los servicios en tu plan de negocios es fundamental para el éxito a largo plazo de tu empresa. Te ayuda a diferenciarte de la competencia, atraer nuevos clientes, establecer una estrategia de marketing efectiva y visualizar el crecimiento de tu negocio. No subestimes la importancia de este elemento crucial en tu plan de negocios.

Ciclo de vida

El ciclo de vida de un producto o servicio se refiere a las diferentes etapas que atraviesa desde su lanzamiento hasta su retiro del mercado. Estas etapas incluyen la introducción, el crecimiento, la madurez y la declinación.

Al incorporar el ciclo de vida de productos o servicios en el plan de negocios, se puede tener una mejor comprensión de cómo maximizar las oportunidades de crecimiento y minimizar los riesgos. En la etapa de introducción, es importante invertir en marketing y promoción para generar conciencia y crear una base de clientes sólida. Durante la etapa de crecimiento, es fundamental enfocarse en expandir la presencia en el mercado y mejorar la calidad del producto o servicio para satisfacer las necesidades de los clientes.

La etapa de madurez es el momento en el que se debe mantener la relevancia del producto o servicio a través de la innovación y la diferenciación para evitar la saturación del mercado. Por último, en la etapa de declinación, es crucial tener un plan de salida estratégico para minimizar las pérdidas y aprovechar al máximo los recursos disponibles.

Al considerar el ciclo de vida de productos o servicios en el plan de negocios, se puede identificar oportunidades de crecimiento, gestionar eficazmente los recursos y anticiparse a los cambios en el mercado. Además, ayuda a establecer metas realistas y desarrollar estrategias a largo plazo para garantizar la sostenibilidad y el éxito continuo de la empresa.

Incluir el ciclo de vida de productos o servicios en el plan de negocios de una empresa es esencial para tomar decisiones informadas, anticiparse a los desafíos y maximizar las oportunidades de crecimiento. Es una herramienta valiosa que puede guiar a la empresa hacia el éxito a largo plazo y mantener su competitividad en un mercado en constante evolución.

Mercado objetivo

El mercado objetivo es el grupo específico de consumidores a los que tu empresa intenta llegar y satisfacer con su oferta.

Al definir claramente tu mercado objetivo, podrás diseñar estrategias de marketing más efectivas y dirigidas, lo que te permitirá maximizar tus esfuerzos y recursos. Conocer a tu público objetivo te ayudará a adaptar tu mensaje y tu producto de manera que resuene con sus necesidades y deseos, aumentando así las posibilidades de éxito.

Además, al tener en cuenta a tu mercado objetivo en tu plan de negocios, podrás identificar oportunidades de crecimiento y expansión. Saber quiénes son tus potenciales clientes te permitirá explorar nuevos segmentos de mercado o desarrollar productos o servicios complementarios que puedan ser de interés para ellos.

Por otro lado, incluir el mercado objetivo en tu plan de negocios te ayudará a establecer metas y objetivos claros y medibles. Al tener una comprensión detallada de quiénes son tus clientes ideales, podrás establecer indicadores de rendimiento que te permitirán evaluar el éxito de tus estrategias y realizar ajustes si es necesario.

El mercado objetivo es un elemento fundamental en el plan de negocios de cualquier empresa. Identificar y comprender a quién va dirigido tu producto o servicio te permitirá diseñar estrategias más efectivas, identificar oportunidades de crecimiento y establecer metas claras y alcanzables. Por lo tanto, no subestimes la importancia de incluir a tu mercado objetivo en tu plan de negocios, ya que puede marcar la diferencia entre el éxito y el fracaso de tu empresa.

Segmentación del mercado

Se refiere a la división del mercado en diferentes grupos de consumidores con características, necesidades y comportamientos similares. La importancia de la segmentación del mercado radica en la capacidad de la empresa para identificar a su público objetivo de manera más específica, lo que le permite diseñar estrategias de marketing y ventas más efectivas.

Al segmentar el mercado, las empresas pueden personalizar sus productos o servicios para satisfacer las necesidades específicas de cada grupo de consumidores. Esto no solo aumenta la satisfacción del cliente, sino que también puede generar mayores niveles de fidelización y lealtad hacia la marca. Además, al conocer mejor a su público objetivo, las empresas pueden invertir sus recursos de manera más eficiente, optimizando así sus esfuerzos y maximizando su rentabilidad.

Otro aspecto importante de la segmentación del mercado es la posibilidad de identificar oportunidades de crecimiento y expansión. Al conocer las características y hábitos de consumo de cada segmento de mercado, las empresas pueden identificar nichos no atendidos o áreas de mejora en las que pueden incursionar. Esto les permite diversificar su cartera de productos o servicios y expandir su presencia en el mercado de manera estratégica.

Además, la segmentación del mercado también es crucial para la diferenciación de la marca y la creación de una propuesta de valor única. Al conocer a fondo a su público objetivo, las empresas pueden comunicar de manera más efectiva los beneficios y valores de su producto o servicio, destacándose frente a la competencia y atrayendo a sus clientes potenciales de manera más efectiva.

La segmentación del mercado es un elemento clave en el plan de negocios de cualquier empresa, ya que le permite identificar a su público objetivo, personalizar sus estrategias de marketing, identificar oportunidades de crecimiento y diferenciarse de la competencia. Es fundamental para el éxito y la sostenibilidad de cualquier negocio en un entorno cada vez más competitivo y dinámico.

Mezcla de mercadotecnia

La importancia de incluir la mezcla de mercadotecnia en tu plan de negocio radica en la necesidad de tener una estrategia completa y efectiva para llegar a tus clientes potenciales. La mezcla de mercadotecnia, también conocida como las 4 P's (producto, plaza, precio y promoción), es fundamental para el éxito de cualquier empresa, ya que te permite identificar y satisfacer las necesidades de tus clientes de manera eficiente.

El primer elemento de la mezcla de mercadotecnia es el producto. Debes asegurarte de que tu producto o servicio sea de alta calidad y cumpla con las expectativas de tus clientes. Además, es importante diferenciar tu producto de la competencia para destacarte en el mercado.

La plaza se refiere a la distribución de tu producto o servicio. Debes seleccionar los canales de distribución adecuados para llegar a tu público objetivo de la manera más efectiva. Esto implica elegir entre vender en tiendas físicas, en línea o a través de intermediarios, dependiendo de las necesidades de tus clientes.

El precio es un factor crucial en la mezcla de mercadotecnia, ya que determinará la rentabilidad de tu negocio.

Debes establecer un precio que sea competitivo pero que también refleje el valor de tu producto o servicio. Además, es importante considerar estrategias de fijación de precios, como descuentos o promociones, para atraer a los clientes.

Por último, la promoción se refiere a las estrategias de marketing que utilizarás para dar a conocer tu producto o servicio. Esto incluye publicidad, relaciones públicas, promociones de ventas y marketing en redes sociales. Debes crear un plan de promoción coherente que te ayude a alcanzar a tu audiencia y generar interés en tu marca.

La mezcla de mercadotecnia es esencial para el éxito de tu negocio, ya que te ayuda a identificar y satisfacer las necesidades de tus clientes de manera efectiva. Al incluir los elementos de producto, plaza, precio y promoción en tu plan de negocios, estarás creando una estrategia sólida que te permitirá destacarte en el mercado y alcanzar tus objetivos comerciales.

Ubicación geográfica de la segmentación de mercado

La ubicación geográfica de un negocio puede afectar significativamente la forma en que se dirige a sus clientes y cómo llega a ellos.

En primer lugar, la ubicación geográfica puede determinar el alcance y la accesibilidad de tu mercado objetivo.

Si tu negocio se encuentra en una ubicación remota o de difícil acceso, es posible que tengas dificultades para llegar a tu público objetivo. Por otro lado, si estás ubicado en un área altamente transitada o de fácil acceso, es más probable que atraigas a más clientes potenciales.

Además, la ubicación geográfica también puede influir en las preferencias y necesidades de los clientes. Por ejemplo, las personas que viven en zonas urbanas pueden tener diferentes hábitos de consumo y preferencias que las personas que viven en zonas rurales. Por lo tanto, es importante tener en cuenta la ubicación geográfica al segmentar tu mercado para adaptar tus productos o servicios a las necesidades específicas de cada región.

Otro aspecto importante es la competencia en el mercado local. La ubicación geográfica puede determinar quiénes son tus competidores directos e indirectos, y cómo te posicionas frente a ellos. Si estás en una zona con una fuerte competencia, es posible que necesites ajustar tu estrategia de precios, promoción o distribución para destacarte entre los demás.

La ubicación geográfica es un factor crucial a considerar al segmentar tu mercado en un plan de negocio. No solo puede influir en la accesibilidad y las preferencias de los clientes, sino también en la competencia y la estrategia general de tu empresa. Al comprender y aprovechar la ubicación geográfica, puedes maximizar las oportunidades y minimizar las amenazas para tu negocio.

Estrategia de mercadotecnia

La importancia de esta estrategia radica en el hecho de que el marketing digital es una herramienta poderosa y efectiva para llegar a una audiencia más amplia, aumentar la visibilidad de la marca, y generar mayores oportunidades de negocio.

Una estrategia de marketing digital bien elaborada puede ayudar a una empresa a destacarse en un mercado altamente competitivo, posicionarse como líder en su industria, y aumentar su base de clientes. Además, el marketing digital ofrece una amplia gama de opciones y herramientas que permiten a las empresas llegar a su público objetivo de manera más efectiva y personalizada.

Al incorporar una estrategia de marketing digital en el plan de negocios de una empresa, se pueden utilizar diversas técnicas como la optimización de motores de búsqueda (SEO), la publicidad en redes sociales, el marketing de contenido, el email marketing, entre otros. Estas herramientas ayudan a aumentar la visibilidad de la marca en línea, atraer tráfico a la página web de la empresa, y convertir leads en clientes potenciales.

Además, el marketing digital ofrece la posibilidad de realizar un seguimiento detallado de las acciones de marketing y medir los resultados de manera precisa. Esto permite a las empresas identificar qué estrategias están funcionando y cuáles no, y realizar ajustes en tiempo real para optimizar su rendimiento.

Incorporar una estrategia de marketing digital en el plan de negocios de una empresa es fundamental para su éxito a largo plazo. No solo ayuda a aumentar la visibilidad y la presencia en línea de la marca, sino que también permite llegar de manera efectiva a un público más amplio y generar mayores oportunidades de negocio. Por lo tanto, es imprescindible que las empresas reconozcan la importancia de poner en práctica una estrategia de marketing digital en su plan de negocios.

Socios estratégicos

Los socios estratégicos son aquellas personas, empresas o entidades que comparten tus objetivos comerciales y que pueden aportar recursos, conocimientos y experiencia que complementen tus propias capacidades.

Al incluir a socios estratégicos en tu plan de negocios, estás abriendo la puerta a oportunidades de colaboración que pueden impulsar el crecimiento de tu empresa de maneras que tal vez no podrías lograr por tu cuenta. Estos socios pueden proporcionar acceso a nuevos mercados, financiamiento, tecnología innovadora, expertos en la industria, y una red de contactos valiosa que puede abrir puertas a nuevas oportunidades de negocio.

Además, trabajar con socios estratégicos puede ayudarte a reducir los riesgos, ya que compartes las responsabilidades y los costos asociados con la implementación de nuevas estrategias o la entrada en nuevos mercados. También puedes beneficiarte de la experiencia y el conocimiento especializado de tus socios, lo que te permitirá tomar decisiones más informadas y evitar cometer errores costosos.

En un mercado competitivo y en constante cambio, tener socios estratégicos puede marcar la diferencia entre el éxito y el fracaso de tu empresa. La colaboración con socios que comparten tu visión y tus valores puede darte una ventaja competitiva y ayudarte a mantener la relevancia en un mercado cada vez más exigente.

La importancia de poner los socios estratégicos en tu plan de negocios no puede ser subestimada. Es una estrategia clave para impulsar el crecimiento, la innovación y la sostenibilidad de tu empresa a largo plazo. Al establecer relaciones sólidas con socios estratégicos, estás construyendo un camino hacia el éxito empresarial y asegurando un futuro próspero para tu empresa.

Canales de distribución de productos y ventas

Los canales de distribución se refieren a la ruta que sigue un producto o servicio desde el fabricante hasta el consumidor final, mientras que los canales de ventas se refieren a los diferentes métodos utilizados para vender los productos o servicios a los clientes.

Al incluir los canales de distribución en un plan de negocios, una empresa puede asegurarse de que sus productos o servicios lleguen de manera eficiente y efectiva a su mercado objetivo. Esto implica seleccionar los canales adecuados que se alineen con la estrategia de la empresa y que sean capaces de llegar a los clientes de manera oportuna. Por ejemplo, si una empresa vende productos de lujo, es fundamental elegir canales de distribución que transmitan esa exclusividad y estatus a los clientes.

Por otro lado, incluir los canales de ventas en un plan de negocios es igualmente importante, ya que determina cómo una empresa va a generar ingresos a través de la venta de sus productos o servicios. Esto implica elegir los canales de ventas adecuados que se ajusten a la estrategia de precios de la empresa y que permitan llegar a los clientes de manera efectiva. Por ejemplo, si una empresa vende productos a través de una tienda en línea, es fundamental desarrollar una estrategia de marketing digital para llegar a los clientes en línea.

Poner los canales de distribución y ventas en un plan de negocios es fundamental para el éxito de cualquier empresa. Al hacerlo, una empresa puede asegurarse de que sus productos o servicios lleguen a los clientes de manera eficiente y efectiva, lo que a su vez puede aumentar su rentabilidad y su cuota de mercado. Por lo tanto, es importante no pasar por alto la importancia de incluir estos elementos en la planificación estratégica de cualquier negocio.

Imagen corporativa

Tu imagen corporativa es la primera impresión que las personas tienen de tu negocio, y puede influir en la percepción de tu marca, productos y servicios. Es esencial que tu imagen corporativa refleje los valores, la misión y la visión de tu empresa para generar confianza y fidelidad en tus clientes.

Al incluir tu imagen corporativa en tu plan de negocios, estás demostrando coherencia y profesionalismo en la gestión de tu empresa. Esto implica tener un logo bien diseñado, una paleta de colores representativa, un estilo de comunicación claro y consistente, y una identidad visual que sea única y memorable. Todo esto ayudará a diferenciarte de la competencia y a construir una marca sólida y reconocible en el mercado.

Además, tu imagen corporativa puede influir en la percepción que tienen los inversionistas, socios y colaboradores sobre tu empresa. Una buena imagen corporativa puede transmitir confianza, credibilidad y profesionalismo, lo cual puede ser clave a la hora de buscar financiamiento, alianzas estratégicas o talento humano para tu empresa. Por otro lado, una imagen corporativa débil o poco definida puede generar desconfianza y falta de interés en tu empresa.

Es importante recordar que tu imagen corporativa no se limita solo a tu logo o tus colores, sino que abarca todos los aspectos visuales y comunicativos de tu empresa. Desde tu página web y tus redes sociales hasta tus tarjetas de presentación y tu material publicitario, todo debe estar alineado con tu imagen corporativa para transmitir una imagen coherente y profesional.

Tu imagen corporativa es un activo invaluable para tu empresa y debe ser parte integral de tu plan de negocios. Invertir en el diseño y la gestión de tu imagen corporativa puede traer grandes beneficios a largo plazo, tanto en términos de branding y posicionamiento en el mercado, como en términos de reputación y credibilidad en la industria.

Recursos Humanos y descripción de puesto

Los recursos humanos son el activo más valioso de una organización, ya que son quienes llevan a cabo las tareas diarias, toman decisiones críticas y representan la cara de la empresa ante clientes y socios comerciales. Por lo tanto, es crucial asignar los recursos adecuados a cada puesto para maximizar la eficiencia y la productividad.

Al incluir una sección dedicada a recursos humanos en el plan de negocios, los emprendedores pueden mostrar a posibles inversores y socios la importancia que otorgan al papel de las personas en el éxito de la empresa.

Esto demuestra un enfoque estratégico hacia la gestión del talento y la construcción de un equipo sólido y comprometido. Además, al describir detalladamente cada puesto dentro de la organización, se clarifican las responsabilidades y las expectativas, lo que ayuda a evitar malentendidos y conflictos en el futuro.

Las descripciones de puestos también son útiles para reclutar y seleccionar a los candidatos más adecuados para cada posición. Al conocer las habilidades y competencias requeridas para cada puesto, los reclutadores pueden evaluar de manera más objetiva a los candidatos y tomar decisiones informadas sobre quién es el mejor ajuste para la empresa. Asimismo, tener definidos los perfiles de puesto facilita la capacitación y el desarrollo del personal, ya que se pueden identificar las áreas de mejora y diseñar planes de formación específicos.

Integrar recursos humanos y descripciones de puestos en el plan de negocios es esencial para establecer bases sólidas para el crecimiento y la sostenibilidad de la empresa. Al invertir en la gestión del talento y la planificación organizacional, los emprendedores pueden construir equipos sólidos y eficientes que impulsen el éxito a largo plazo.

Operaciones, manuales de procedimientos y reglamento interno

Estos documentos proporcionan una guía clara y detallada sobre cómo se deben llevar a cabo las actividades diarias de la empresa, así como los procesos internos y las políticas que se deben seguir en cada área.

En primer lugar, los manuales de procedimiento son herramientas importantes para estandarizar las operaciones de la empresa y garantizar la consistencia en la calidad de los productos o servicios ofrecidos. Estos manuales permiten definir los pasos a seguir en cada tarea, los roles y responsabilidades de cada empleado, los plazos de ejecución y las medidas de control de calidad. De esta manera, se evitan errores y se optimiza la eficiencia de los procesos.

Por otro lado, los procesos internos son la base para la organización y coordinación de las actividades de la empresa. Estos procesos pueden incluir desde la gestión de inventarios y compras hasta la atención al cliente y la gestión del talento humano. Al documentar y estandarizar estos procesos, se facilita la toma de decisiones, se minimizan los tiempos de respuesta y se reduce el riesgo de errores.

Además, el reglamento interno establece las normas de convivencia y las políticas de la empresa, como por ejemplo, el código de ética, el horario de trabajo, las vacaciones y licencias, la política de seguridad y salud ocupacional, entre otros. Estas normas son fundamentales para mantener un ambiente laboral sano y productivo, así como para prevenir conflictos internos y legales.

La inclusión de manuales de procedimiento, procesos y reglamento interno en el plan de negocios de una empresa es esencial para garantizar su organización, eficiencia y cumplimiento de las leyes y regulaciones vigentes. Estos documentos son herramientas valiosas que contribuyen al crecimiento y éxito de la empresa a largo plazo.

Sección financiera y punto de equilibrio

Las finanzas son el corazón de cualquier negocio, y sin una gestión financiera efectiva, es difícil para una empresa mantenerse a flote y alcanzar el éxito a largo plazo.

El punto de equilibrio es un elemento crucial en la sección de finanzas de un plan de negocios, ya que representa el nivel de ventas en el que los ingresos totales son iguales a los costos totales, lo que resulta en cero de beneficio ni pérdida. Conocer este punto es vital para cualquier empresa, ya que permite a los empresarios comprender cuántas unidades deben vender o cuántos servicios deben ofrecer para cubrir sus costos fijos y variables.

Al incluir el punto de equilibrio en el plan de negocios, los empresarios pueden tener una mejor comprensión de la viabilidad financiera de su empresa y tomar decisiones informadas sobre estrategias de fijación de precios, marketing y gestión de costos. Además, el punto de equilibrio también puede servir como una herramienta para establecer metas financieras realistas y monitorear el desempeño financiero a lo largo del tiempo.

Además, la sección de finanzas de un plan de negocios también debe abordar otros aspectos importantes, como proyecciones financieras, flujo de caja, presupuesto y análisis de rentabilidad. Estos elementos son fundamentales para la gestión financiera efectiva de una empresa y pueden ayudar a los empresarios a identificar oportunidades de crecimiento, mitigar riesgos y garantizar la sostenibilidad a largo plazo.

Incluir una sección de finanzas en el plan de negocios de una empresa, incluido el punto de equilibrio, es esencial para asegurar el éxito y la viabilidad financiera a largo plazo. Ignorar este aspecto crucial puede llevar a problemas financieros graves y poner en peligro la supervivencia de la empresa. Por lo tanto, es fundamental que los empresarios dediquen tiempo y recursos adecuados a desarrollar y mantener una gestión financiera sólida en su empresa.

¿Por qué es importante tener un plan de negocios para tu empresa?

En la sociedad actual, donde la competencia en el mercado es cada vez más feroz, es crucial que los negocios locales tengan un plan de negocios bien estructurado. Esto no sólo ayuda a establecer metas y objetivos claros, sino que también proporciona una guía detallada sobre cómo alcanzarlos.

En Bee Business entendemos la importancia de tener un plan de negocios sólido y por eso ofrecemos consultores especializados en diversas áreas como marketing, finanzas y recursos humanos. Nuestras plantillas, disponibles en nuestro sitio web, incluyen herramientas como mapas de clientes, ejemplos de FODA y modelos de negocios Canvas. Estas herramientas, combinadas con el conocimiento y la experiencia de nuestros consultores, forman lo que llamamos el Polen Para Empresa.

La idea detrás de la Polinización de Empresas es asegurarse de que cada aspecto de la empresa esté conectado y trabajando en armonía para lograr el éxito. Al tener un plan de negocios bien estructurado, las empresas locales pueden identificar sus fortalezas y debilidades, aprovechar las oportunidades de mercado y anticipar posibles amenazas. Además, un plan de negocios puede ayudar a atraer inversores y financiamiento, ya que demuestra que la empresa tiene una visión clara y un enfoque estratégico para alcanzar sus metas. También sirve como una herramienta de gestión para monitorear el progreso y hacer ajustes según sea necesario.

Un plan de negocios es fundamental para el éxito de los negocios locales. En Bee Business estamos comprometidos a ayudar a las empresas a desarrollar planes sólidos y a brindarles las herramientas y el apoyo necesarios para convertir sus objetivos en realidad.

¡Les deseamos mucho éxito en sus emprendimientos!
¡Gracias por confiar en nosotros!

Conclusión

La filosofía de las abejas aporta valiosas lecciones para las empresas locales, destacando la importancia de la cooperación, la organización eficiente y el enfoque en el bienestar colectivo. Al adoptar este enfoque colaborativo, las empresas pueden mejorar su productividad, fortalecer sus relaciones con la comunidad y fomentar un entorno laboral positivo.

Para integrar la filosofía de las abejas en su empresa local, es fundamental fomentar la colaboración entre los miembros del equipo, promover una comunicación clara y establecer objetivos comunes. Crear una estructura organizativa eficiente, donde cada individuo desempeñe un papel significativo, es esencial para el éxito empresarial a largo plazo. Asimismo, priorizar el bienestar de los empleados y la comunidad en general fortalecerá la relación de la empresa con su entorno y generará un impacto positivo en la sociedad.

Construir una cultura organizacional basada en la colaboración y el trabajo en equipo es clave para incorporar la filosofía de las abejas en tu empresa local. Fomenta la cooperación a través de actividades grupales, establece espacios para compartir ideas y promueve una comunicación abierta. Reconoce y valora las fortalezas individuales de cada miembro del equipo, alentando la diversidad de pensamiento. Establece objetivos comunes claros y anima a todos a contribuir a su consecución. Una cultura de trabajo colaborativo fortalecerá los lazos entre los empleados, mejorará la eficiencia y fomentará la innovación.

El enfoque sistemático y trabajo en equipo de las abejas puede inspirar la colaboración y la eficiencia en tu empresa local. Al seguir su ejemplo de organización y comunicación eficaz, puedes mejorar la productividad y la cohesión entre tus empleados. Además, la resiliencia de las abejas frente a los desafíos ambientales puede servirte de guía para desarrollar una mentalidad flexible y adaptativa en tu negocio. Aprovecha la sabiduría de las abejas para fomentar la innovación, la sostenibilidad y el crecimiento sostenible en tu empresa local.

Al implementar los principios de organización, comunicación efectiva y resiliencia de las abejas en tu empresa local, puedes cultivar un entorno de trabajo colaborativo y eficiente. La capacidad de adaptación y trabajo en equipo de estos insectos puede servir como modelo para superar desafíos y fomentar la innovación en tu negocio. Al seguir aprendiendo de la filosofía de las abejas, podrás fortalecer la sostenibilidad y el crecimiento de tu empresa, transformando pequeñas acciones en grandes logros empresariales.

En el libro Bee Business Polinización de Empresas, exploramos los secretos de la filosofía de las abejas y cómo aplicarlos a las empresas locales. Al igual que las abejas, queremos que difundas esta información y ayudes a que los negocios de tu comunidad prosperen.

La Polinización de Empresas es amor, energía, pasión y negocios.

¡Gracias por leer nuestro libro y ser parte de esta transformación empresarial!

Puerto Vallarta, Jalisco, a 16 de abril del 2024

A QUIEN CORRESPONDA:

Me complace escribir esta carta de recomendación para Víctor Gil Ulloa Lozano y su empresa Bee Business por su destacado y significativo aporte a la economía local de Puerto Vallarta. Ha demostrado un compromiso excepcional con el crecimiento y desarrollo de la comunidad, creando oportunidades de empleo y fomentando la prosperidad económica en la región gracias a su participación en diversas capacitaciones.

La empresa ha demostrado un enfoque innovador, contribuyendo de manera significativa al desarrollo económico y social de la comunidad.

Además, Víctor Gil Ulloa Lozano y su equipo en Bee Business han sido activos en diversas iniciativas de responsabilidad social empresarial, promoviendo la educación y la capacitación laboral, y participando en programas de desarrollo económico.

Víctor Gil Ulloa Lozano y Bee Business son dignos de reconocimiento por su valioso aporte a la economía local de Puerto Vallarta . Su visión empresarial, su compromiso con la comunidad y su enfoque en el desarrollo sostenible son ejemplos inspiradores para otros empresarios y organizaciones.

Recomiendo encarecidamente a Víctor Gil Ulloa Lozano y a su empresa Bee Business como socios estratégicos en cualquier iniciativa que busque promover el crecimiento económico y social en nuestra región.

ATENTAMENTE
"2024, Año del Bicentenario del Nacimiento del Federalismo Mexicano, así como de la Libertad y Soberanía de los Estados"

ING. CHRISTHIAN SALVADOR PRECIADO CAZARES
Director de Turismo y Desarrollo Económico

Agradecimientos

Un Agradecimiento especial a Angela Maritza Ramos Onofre que es directora de Marketing en Bee Business por su pasión, creatividad y la expresión artística se refleja en esta obra.

Como directora de Marketing de Bee Business, Angela ha demostrado su compromiso con el crecimiento de los negocios locales. Su enfoque se basa en ayudar desde el corazón, con objetivos bien planteados y siempre con la fe en Dios. Su filosofía se ve reflejada en las artes visuales de este libro.

Angela Maritza Ramos Onofre para mi eres una mujer comprometida, y tus aportes en este libro me inspiran ayudar a los demás desde el corazón. Los negocios locales hacen que esta obra sea de lectura imprescindible para aquellos que buscan alcanzar el éxito con propósito y fe en Dios.

Gracias
Victor Gil Ulloa Lozano
CEO Bee Buiness

En memoria de Victoriano Lozano Donato y Rufina Pérez Jacinto, que me adoptaron y criaron mientras el mundo me dio la espalda. Que la vida me dé la oportunidad de regresarle al mundo lo que ustedes me dieron.

www.ingramcontent.com/pod-product-compliance
Lightning Source LLC
Chambersburg PA
CBHW060323200326
41519CB00011BA/1819